1 **Grundstrukturen & -begriffe der Organik**

2 **Funktionelle Gruppen, Strukturelemente**

3 **Stereochemie – Arten der Isomerie**

4 **Lebensgrundbausteine**

Index

Dr. Waltraud Haberberger

Chemie Band 2

MEDI-LEARN Skriptenreihe

6., komplett überarbeitete Auflage

MEDI-LEARN Verlag GbR

Autoren: Dr. Waltraud Haberberger, Luise Fink (1.–2. Auflage)
Fachlicher Beirat: Jan-Peter Reese

Teil 2 des Chemiepaketes, nur im Paket erhältlich
ISBN-13: 978-3-95658-003-1

Herausgeber:
MEDI-LEARN Verlag GbR
Dorfstraße 57, 24107 Ottendorf
Tel. 0431 78025-0, Fax 0431 78025-262
E-Mail redaktion@medi-learn.de
www.medi-learn.de

Verlagsredaktion:
Dr. Marlies Weier, Dipl.-Oek./Medizin (FH) Désirée Weber, Denise Drdacky, Jens Plasger, Sabine Behnsch, Philipp Dahm, Christine Marx, Florian Pyschny, Christian Weier

Layout und Satz:
Fritz Ramcke, Kristina Junghans,
Christian Gottschalk

Grafiken:
Dr. Günter Körtner, Irina Kart, Alexander Dospil, Christine Marx

Illustration:
Daniel Lüdeling

Druck:
A.C. Ehlers Medienproduktion GmbH

6. Auflage 2014
© 2014 MEDI-LEARN Verlag GbR, Marburg

Das vorliegende Werk ist in all seinen Teilen urheberrechtlich geschützt. Alle Rechte sind vorbehalten, insbesondere das Recht der Übersetzung, des Vortrags, der Reproduktion, der Vervielfältigung auf fotomechanischen oder anderen Wegen und Speicherung in elektronischen Medien.
Ungeachtet der Sorgfalt, die auf die Erstellung von Texten und Abbildungen verwendet wurde, können weder Verlag noch Autor oder Herausgeber für mögliche Fehler und deren Folgen eine juristische Verantwortung oder irgendeine Haftung übernehmen.

Wichtiger Hinweis für alle Leser
Die Medizin ist als Naturwissenschaft ständigen Veränderungen und Neuerungen unterworfen. Sowohl die Forschung als auch klinische Erfahrungen führen dazu, dass der Wissensstand ständig erweitert wird. Dies gilt insbesondere für medikamentöse Therapie und andere Behandlungen. Alle Dosierungen oder Applikationen in diesem Buch unterliegen diesen Veränderungen.
Obwohl das MEDI-LEARN Team größte Sorgfalt in Bezug auf die Angabe von Dosierungen oder Applikationen hat walten lassen, kann es hierfür keine Gewähr übernehmen. Jeder Leser ist angehalten, durch genaue Lektüre der Beipackzettel oder Rücksprache mit einem Spezialisten zu überprüfen, ob die Dosierung oder die Applikationsdauer oder -menge zutrifft. Jede Dosierung oder Applikation erfolgt auf eigene Gefahr des Benutzers. Sollten Fehler auffallen, bitten wir dringend darum, uns darüber in Kenntnis zu setzen.

Inhalt

1	**Grundstrukturen und Grundbegriffe der Organik**	**1**	2.9.1	Ester 26
			2.9.2	Carbonsäureamide 27
			2.9.3	Säureanhydride................................... 28
1.1	Warum gerade das C-Atom? 1		2.10	Schwefelverbindungen........................ 29
1.2	Kohlenwasserstoffe................................ 2			
1.2.1	Alkane 2			
1.2.2	Isomerien 3		**3**	**Grundlegende Begriffe der Stereochemie – Arten der Isomerie 36**
1.2.3	Cycloalkane 4			
1.2.4	Alkene 5		3.1	Konstitutionsisomere (Strukturisomere).................................. 36
1.2.5	Alkine 8			
1.2.6	Aromaten 8		3.2	Stereoisomerie (optische Isomerie) 36
			3.2.1	Chiralitätszentrum (Asymmetriezentrum, stereogenes Zentrum).......... 36
2	**Erkennen ist alles – Funktionelle Gruppen und Strukturelemente**	**12**		
			3.2.2	Verbindungen mit mehreren Chiralitätszentren 38
2.1	Grundlagen... 12			
2.1.1	Bezeichnung der C-Atome.................. 12		3.2.3	Meso-Form.. 39
2.1.2	Nukleophile Substitution 12			
2.2	Heterozyklen 13		**4**	**Lebensgrundbausteine – Organik, die Grundlage der Biochemie 43**
2.3	Chinone 13			
2.4	Amine 14		4.1	Aminosäuren 43
2.5	Alkohole 15		4.1.1	Isoelektrischer Punkt........................... 45
2.5.1	Wertigkeit... 16		4.1.2	Decarboxylierung................................. 46
2.5.2	Oxidation von Alkoholen..................... 17		4.1.3	Transaminierung.................................. 46
2.6	Ether... 17		4.1.4	Peptide 47
2.7	Aldehyde und Ketone 18		4.2	Kohlenhydrate 47
2.7.1	Keto-Enol-Tautomerie 18		4.2.1	Monosaccharide 48
2.7.2	Halbacetal- und Acetalbildung 19		4.2.2	Zuckersäuren und Zuckeralkohole 49
2.7.3	Schiff-Basen (Imine) 20		4.2.3	Disaccharide 50
2.7.4	Aldolkondensation 21		4.2.4	Polysaccharide..................................... 52
2.8	Carbonsäuren 22		4.3	Fette 54
2.8.1	Wichtige Vertreter der Carbonsäuren .. 22		4.4	Nukleinsäuren 56
2.8.2	Eigenschaften der Carbonsäuren 25			
2.9	Carbonsäurederivate 26			

Ein besonderer Berufsstand braucht besondere Finanzberatung.

Als einzige heilberufespezifische Finanz- und Wirtschaftsberatung in Deutschland bieten wir Ihnen seit Jahrzehnten Lösungen und Services auf höchstem Niveau. Immer ausgerichtet an Ihrem ganz besonderen Bedarf – damit Sie den Rücken frei haben für Ihre anspruchsvolle Arbeit.

- Services und Produktlösungen vom Studium bis zur Niederlassung
- Berufliche und private Finanzplanung
- Beratung zu und Vermittlung von Altersvorsorge, Versicherungen, Finanzierungen, Kapitalanlagen
- Niederlassungsplanung & Praxisvermittlung
- Betriebswirtschaftliche Beratung

Lassen Sie sich beraten!

Nähere Informationen und unseren Repräsentanten vor Ort finden Sie im Internet unter www.aerzte-finanz.de

Standesgemäße Finanz- und Wirtschaftsberatung

1 Grundstrukturen und Grundbegriffe der Organik

Fragen in den letzten 10 Examen: 9

Sicher hast du schon so manches Mal geflucht: „Warum auch noch Chemie, ich will doch Medizin machen?" Und ganz bestimmt hat man bei der Physikums-Lernplanung schon mal daran gedacht, sich den Aufwand für die paar Fragen zu sparen.

Wir können dich ja verstehen; wie soll man die ganze organische Chemie an einem Tag schaffen, wenn es dafür einen ganzen Studiengang gibt? ABER zum einen ist das, was du wissen musst nicht viel und auch nicht kompliziert, und umsonst ist die investierte Arbeit erst recht nicht, denn gerade die organische Chemie ist das Grundgerüst der Biochemie. Das bedeutet, dass alles, was du hier lernst und verstehst, du dir dort an Zeit sparen kannst und dabei gleichzeitig noch zusätzliche Physikumspunkte sammelst. Doch womit beschäftigt sich die organische Chemie eigentlich? Die organische Chemie ist die Lehre der Stoffe, die in lebenden Organismen entstehen. Dazu zählen u. a. Aminosäuren, Kohlenhydrate, Fette und Nukleotide. Gemeinsam ist diesen Stoffen der Kohlenstoff, weshalb man die Organik auch als die Chemie des Kohlenstoffs und seiner Verbindungen bezeichnet.

Die Zahl dieser Verbindungen wird mit etwa 11,5 Millionen angegeben. Die muss man fürs Physikum aber zum Glück nicht alle kennen.

Die immer noch zahlreichen Molekülgruppen, die du erkennen solltest, lassen sich aber leider nicht auf einen Blick lernen. Deshalb ist es ratsam, sich ein Blatt Papier und einen Stift bereit zu legen und die Verbindungen mit ihren besonderen Strukturelementen, die hier vorgestellt werden, abzuzeichnen. Macht man das kontinuierlich beim Lesen, ermüdet man auch nicht so schnell, weil die Eintönigkeit des Lesens dadurch unterbrochen wird. Außerdem erkennt man das, was man selbst gezeichnet hat, leichter wieder.

1.1 Warum gerade das C-Atom?

Ein C-Atom kann sich an vier stabilen kovalenten Bindungen mit weiteren C-Atomen oder anderen Atomen beteiligen. So können sowohl lange Ketten und Ringe aus C-Atomen als auch Doppel- und Dreifachbindungen aufgebaut werden. Dies macht die große Zahl der verschiedenen Kohlenstoffverbindungen erst möglich.
Nun ist jedoch nicht jedes C-Atom gleich:
- Das **sp³-hybridisierte** C-Atom ist **vierbindig**, d. h. es kann vier einfache Atombindungen (σ-Bindungen) eingehen. Sie sind **frei um die C-C-Achse drehbar** und weisen jeweils in die Ecken eines Tetraeders. Der **Bindungswinkel beträgt 109,47°**.

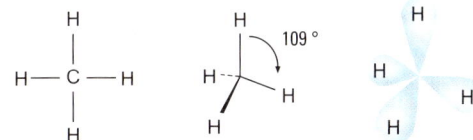

Abb. 1: Tetraeder Methanwinkel

medi-learn.de/6-ch2-1

- Ein **sp²-hybridisiertes** C-Atom ist an einer Doppelbindung beteiligt und hat daher nur drei Bindungspartner: zwei mit einer einfachen σ-Bindung und einen mit einer Doppelbindung. Die Doppelbindung selbst besteht aus einer σ-Bindung und einer π-Bindung. Sie ist räumlich planar (auf einer Ebene) angeordnet und um die beteiligten C-Atome ist **keine Drehbarkeit** mehr möglich. **Ihr Bindungswinkel beträgt 120°**.

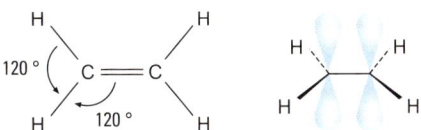

Abb. 2: Doppelbindungswinkel

medi-learn.de/6-ch2-2

1 Grundstrukturen und Grundbegriffe der Organik

– Das sp-hybridisierte C-Atom ist an einer Dreifachbindung beteiligt und hat daher sogar nur zwei Bindungspartner: einen mit einer einfachen σ-Bindung und den anderen mit einer Dreifachbindung. Die Dreifachbindung setzt sich aus einer σ-Bindung und zwei π-Bindungen zusammen. Wie die Doppelbindung ist auch die Dreifachbindung nicht frei drehbar und planar. Ihr Bindungswinkel beträgt 180°, was sie zu einer linearen (auf einer Gerade liegenden) Struktur macht.

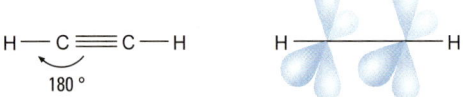

Abb. 3: Dreifachbindungswinkel

medi-learn.de/6-ch2-3

1.2 Kohlenwasserstoffe

Kohlenwasserstoffe sind Verbindungen, die nur aus C-Atomen und H-Atomen bestehen. In der Medizin und auch fürs Physikum haben sie zwar keine große Bedeutung, eignen sich aber sehr gut, um viele prüfungsrelevante und daher wieder wichtige Begriffe der organischen Chemie zu erklären.

> **Übrigens ...**
> Die Nomenklatur ist hier fundamental, da sich hiervon alle Bezeichnungen der weiteren Verbindungen ableiten.

1.2.1 Alkane

Alkane sind die einfachsten Kohlenwasserstoffe und bestehen nur aus C-H oder C-C Einfachbindungen (s. Tab. 1, S. 2). Ihre allgemeine Summenformel lautet C_nH_{2n+2}.

Die einfachsten Alkane sind:
- Methan
- Ethan (die H-Atome wurden ab hier weggelassen, sind jedoch eigentlich vorhanden)
- Propan
- Butan
- Pentan

Einfachbindung mit C-Atom	Doppelbindung mit C-Atom	Dreifachbindung mit C-Atom
C-Atom sp³ hybridisiert	C-Atom sp² hybridisiert	C-Atom sp-hybridisiert
4 σ-Bindung	π-Bindung + 3 σ-Bindung	2 π-Bindungen + 2 σ-Bindungen
um die Bindung frei drehbar	keine freie Drehbarkeit	keine freie Drehbarkeit
Bindungswinkel 109° (Tetraederwinkel)	Bindungswinkel 120° (Kreisdrittel)	Bindungswinkel 180° (linear)
Ring: Sessel- oder Wannenkonformation	eben = planar gebaut	linear (auf einer Geraden) und damit auch planar gebaut
z. B.: Methan 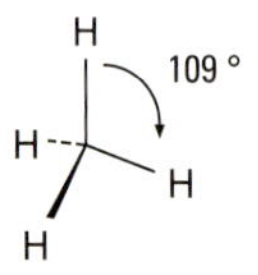	z. B.: Ethen 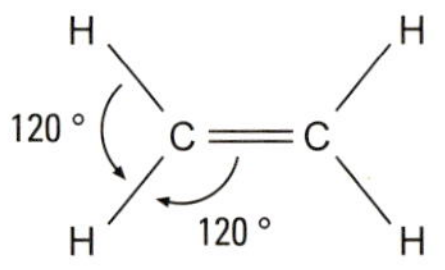	z. B.: Ethin 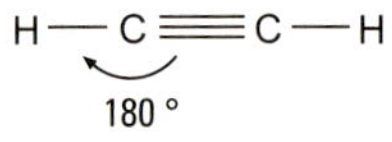

Tab. 1: Gegenüberstellung Einfach-, Doppel- und Dreifachbindung

1.2.2 Isomerien

Methan:
```
    H
    |
H — C — H
    |
    H
```

Ethan:
```
  |   |*
— C — C —
  |   |
```
* An jeder Bindung ist ein H beteiligt, das in dieser Schreibweise weggelassen wurde.

Propan:
```
  |   |   |
— C — C — C —
  |   |   |
```

Butan:
```
  |   |   |   |
— C — C — C — C —
  |   |   |   |
```

Pentan:
```
  |   |   |   |   |
— C — C — C — C — C —
  |   |   |   |   |
```

Abb. 4 a: Alkane medi-learn.de/6-ch2-4a

Ab dem Butan sind die Alkane nach der Zahl ihrer C-Atome benannt also Pentan, Hexan, Heptan, Octan usw. Alle zusammen bilden eine **homologe Reihe**, was bedeutet, dass sich die aufeinanderfolgenden Verbindungen nur durch ein Strukturelement – hier ist es das CH_2 – unterscheiden. Im Allgemeinen werden C-Ketten/Gerüste für eine bessere Übersichtlichkeit ohne die dazugehörigen H-Atome und deren Bindungen mit dem C-Atom gezeichnet. Oftmals wird sogar das C-Atom selbst weggelassen. Das heißt aber nicht, dass diese Atome nicht da sind. Wegen der Bindungswinkel ergibt sich eine Zickzackkette, was auch in der Schreibweise übernommen wird (s. Abb. 4 b, S. 3).

> **Merke!**
>
> Die Endsilbe **-an** sagt, dass es sich um ein Alk**an** handelt. Hängen diese Verbindungen an anderen größeren Molekülen, nennt man sie **Methyl-Gruppe, Ethyl-Gruppe** usw. Man hängt also an den Namensstamm einfach die Endung **-yl**.

Abb. 4 b: Zickzackkette medi-learn.de/6-ch2-4b

Du kommst leider nicht drum herum, die Namen einfach auswendig zu lernen. Dafür erklären sich daraus später fast alle anderen Bezeichnungen.

1.2.2 Isomerien

Weil die Isomerien ein sehr wichtiges Thema für das schriftliche Physikum darstellen, wird im Kapitel 3 (ab S. 36) noch einmal detailliert auf alle Arten eingegangen. An dieser Stelle erfolgt also nur ein kurzer Vorgriff, der allerdings zum Verständnis der Alkane notwendig ist.

Konstitutionsisomerie (Strukturisomerie)

Ab dem Butan existieren zur Summenformel (hier: C_4H_{10}) verschiedene Möglichkeiten der Struktur:

n-Butan   Isobutan

Abb. 5: n-Butan, Isobutan medi-learn.de/6-ch2-5

Solche Verbindungen, die die gleiche Summenformel, aber verschiedene Strukturformeln haben, nennt man **Konstitutionsisomere** oder **Strukturisomere** (s. 3.1, S. 36).

1 Grundstrukturen und Grundbegriffe der Organik

Um die verschiedenen Konsitutionsisomere zu unterscheiden, nennt man die Form, in der alle C-Atome in einer Kette hintereinander hängen, normal- oder kurz n-Form (s. Abb. 5, S. 3, n-Butan). Ist die Kette verzweigt, nennt man sie Iso- oder i-Form (s. Abb. 5, S. 3, Isobutan oder i-Butan).

Stereoisomerie (optische Isomerie)

Verbindungen, bei denen die Summenformel UND das Bindungsmuster gleich sind, die sich aber in der räumlichen Anordnung unterscheiden, nennt man **Stereoisomere** (s. 3.2, S. 36). Die Stereoisomere, die sich durch Rotation um die C-C-Bindung ineinander überführen lassen, nennt man **Konformationsisomere** oder **Konformere** (s. 3.2, S. 36). Für das schriftliche Examen ist es wichtig zu wissen, dass sich die verschiedenen Konformere einer Substanz im Energiegehalt und damit auch bezüglich ihrer Stabilität unterscheiden. Hier gilt: Je weiter die Kohlenstoffreste voneinander entfernt sind, desto energieärmer und damit stabiler ist das Konformer.

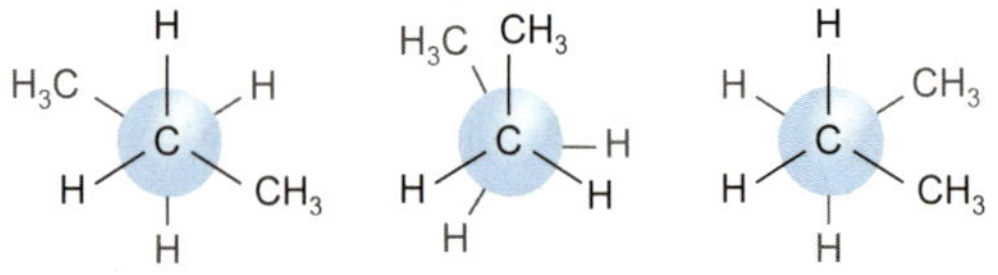

1.2.3 Cycloalkane

Cycloalkane leiten sich von den n-Alkanen ab, indem man an jedem Kettenende ein H entfernt und die beiden C-Atome miteinander zu einem Ring verbindet. Benannt werden sie durch das gleichwertige Alkan und der Vorsilbe cyclo-. Ihre allgemeine Summenformel lautet C_nH_{2n}.

Das wichtigste Cycloalkan ist das **Cyclohexan**, das verschiedene Konformationen (s. 3.2, S. 36) einnehmen kann. Die Sesselform und die Wannenform sind davon die wichtigsten. Dazwischen gibt es zahlreiche Übergangsformen, wobei Cyclohexan überwiegend in der Sessel-Konformation vorliegt.

Wie man an den Konformeren sieht, ist das Molekül nicht eben gebaut. Jedes C-Atom trägt ein H-Atom, das senkrecht (nach oben oder nach unten zeigend) steht und eines, das mit seinem C-Atom in einer Ebene (waagerecht) liegt. **Man sagt, das senkrechte H-Atom steht axial (a), das waagerechte äquatorial** (e, da engl. equatorial).

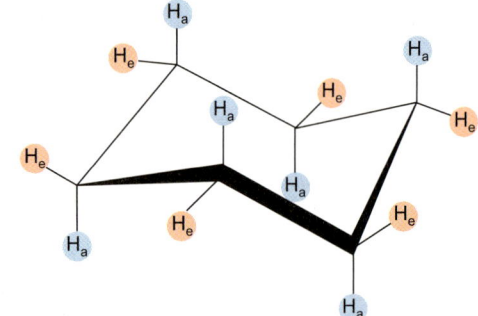

Abb. 8: Axial, äquatorial an Sesselform

medi-learn.de/6-ch2-8

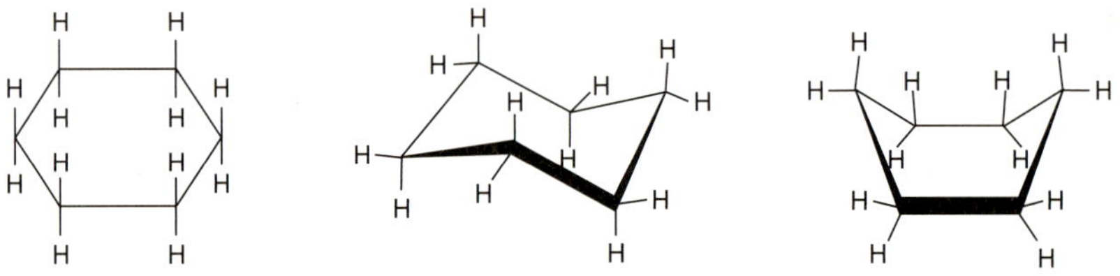

Konformer A ist das stabilste, da die Kohlenstoffreste (CH₃) hier den größten Abstand zueinander haben.

Abb. 6: Drei energetisch verschiedene Konformere des Butans in der Newman-Projektion

medi-learn.de/6-ch2-6

Sesselform   Wannenform

Abb. 7: Sesselform, Wannenform

medi-learn.de/6-ch2-7

Übrigens ...

Im schriftlichen Examen wird sehr gerne danach gefragt, was an einem Ringsystem in Sesselform axial und was äquatorial steht.

Nun noch zwei Beispiele aus der schriftlichen Prüfung:

Beispiele
Frage: Für welche der folgenden Verbindungen trifft die Beschreibung „enthält 6 tetraedrische C-Atome" am besten zu?

Antwortmöglichkeiten:
Chlorbenzen (Chlorbenzol), Cyclohexanon, Cyclohexen, 2,2-Dimethylbutan, Hex-2-en (2-Hexen).

Lösungsweg: Diese Frage macht deutlich, wie wichtig die Endsilben der Substanzbezeichnungen sind. Wenn ihr wisst, dass **-an** die Zugehörigkeit zu den Alkanen angibt und diese Substanzklasse sich durch das Vorhandensein von Tetraederwinkeln auszeichnet (s. Tab. 1, S. 2), habt ihr die richtige Antwort auch schon gefunden.

Antwort: 2,2-Dimethylbutan ist das einzige Alkan in den Antwortmöglichkeiten und damit die gesuchte richtige Lösung.

Bemerkung: Die Endsilbe -en steht für Alkene (s. s. 1.2.4, S. 5), die Endsilbe -on für Ketone (s. 2.7, S. 18).

Frage: Bei welchem der folgenden Cycloalkane weicht der C-C-C-Bindungswinkel am meisten vom idealen Tetraederwinkel ab?

Antwortmöglichkeiten: Cyclobutan, Cyclododecan, Cyclohexan, Cyclooctan, Cyclopentan.

Lösungsweg: Zur Beantwortung dieser Frage musst du zunächst einmal „übersetzen" und dir so herleiten, wieviele C-Atome die jeweiligen Cycloalkane haben: Cyclobutan hat vier C-Atome, Cyclopentan hat fünf, Cyclohexan sechs, Cyclooctan acht und Cyclododecan zwölf. Als nächstes gilt es herauszufinden, welches dieser Moleküle den am wenigsten idealen Bindungswinkel aufweist und damit am instabilsten ist. Wenn du dir vorstellst, dass du mit vier, fünf, sechs, acht oder zwölf Kugeln einen Ring bildest, stellst du fest, dass dies mit zunehmender Menge der Kugeln einfacher wird. Der Grund dafür ist die Ringspannung, die mit abnehmender Anzahl der C-Atome im Ring wächst.

Antwort: Cyclobutan ist das Cycloalkan mit den wenigsten C-Atomen im Ring. Es ist am instabilsten, hat die höchste Ringspannung und sein C-C-C-Bindungswinkel weicht am meisten vom idealen Tetraederwinkel ab.

1.2.4 Alkene

Wie schon erwähnt, können C-Atome auch untereinander Doppelbindungen ausbilden. Verbindungen, die eine solche C=C-Doppelbindung enthalten, bezeichnet man als **ungesättigte Kohlenwasserstoffe** oder **Alkene**. Bei der Benennung des Alkens geht man immer vom entsprechenden Alkan aus und ersetzt die Endsilbe **-an** durch **-en**. Ihre allgemeine Summenformel lautet C_nH_{2n} (wie die der Cycloalkane, s. 1.2.3, S. 4.)

Ethen: $H_2C = CH_2$

Propen: $H_2C = CH - CH_3$

Buten: $H_2C = CH - CH_2 - CH_3$

Abb. 9: Ethen, Propen, Buten   *medi-learn.de/6-ch2-9*

1 Grundstrukturen und Grundbegriffe der Organik

Natürlich kann es in langen C-Ketten auch mehrere Doppelbindungen geben. Liegen diese weit auseinander (d. h. liegen zwischen den Doppelbindungen mindestens drei C-Atome), so spricht man von isolierten Doppelbindungen. Wechselt sich immer eine Doppelbindung mit einer Einfachbindung ab, nennt man dies konjugierte Doppelbindung.

$$H_2C = CH - CH_2 - CH = CH_2$$

isolierte Doppelbindung

Abb. 10 a: Isolierte Doppelbindung

medi-learn.de/6-ch2-10a

$$H_2C = CH - CH = CH - CH_3$$

konjugierte Doppelbindung

Abb. 10 b: konjugierte Doppelbindung

medi-learn.de/6-ch2-10b

Übrigens ...
Ein Beispiel für ein Molekül mit konjugierten Doppelbindungen aus den Physikumsfragen ist das Retinal. Diese Substanz kennst du vielleicht aus der Physiologie, da sie beim Sehvorgang eine wichtige Rolle spielt.

Cis-Trans-Isomerie an Doppelbindungen

Da die Doppelbindung in den Alkenen um die C=C Achse nicht frei drehbar ist, gibt es zwei verschiedene Formen, sobald die C-Atome der Doppelbindung verschiedene Substituenten tragen.
Substituent bedeutet einfach nur, dass etwas anderes als nur ein weiteres H-Atom an der Verbindung hängt. Abgeleitet vom Alkan, wird ein H-Atom durch etwas anderes **substituiert** (ersetzt). Dieses „Etwas" kann ein anderes Atom oder eine ganze funktionelle Gruppe (s. 2, S. 12) sein und heißt dann **Substituent**.

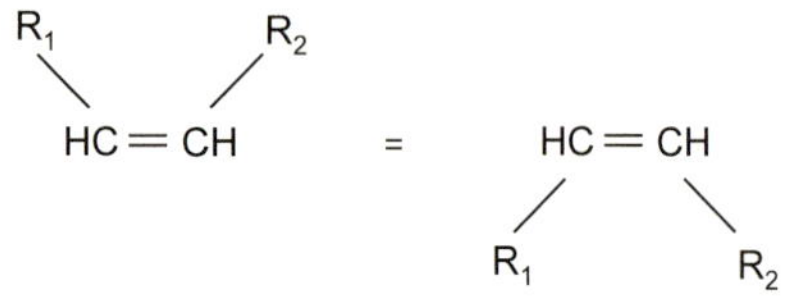

Cis-Form (E-Konfiguration)

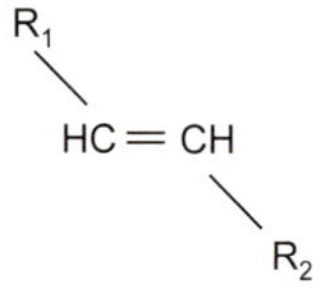

Trans-Form (Z-Konfiguration)

Abb. 11: Cis-Form (E-Konfiguration), Trans-Form (Z-Konfiguration)

medi-learn.de/6-ch2-11

Damit die Voraussetzung für eine Cis-Trans-Isomerie an Doppelbindungen gegeben ist, dürfen die Substituenten also nicht nur H-Atome sein, sondern z. B. verschiedene Alkyl-Reste (Kohlenstoffreste) oder andere funktionelle Gruppen (s. 2, S. 12). Stehen dann beide Substituenten auf der **gleichen Seite** der Doppelbindung, spricht man von einer Cis-Konfiguration, stehen sie auf verschiedenen Seiten, nennt man das Trans-Konfiguration. Neuerdings taucht auch die E-Z-Konfiguration im Schriftlichen auf.

Merke!

Die **C**is-Konfiguration an Doppelbindungen hat die Form eines **C**, die **T**rans-Konfiguration sieht aus wie eine **T**reppe. Das **Z** in der Bezeichnung Z-Konfiguration steht für „**z**usammen" (= cis), das **E** in der Bezeichnung E-Konfiguration für „**e**ntgegen" (= trans).

Lewis-Säuren und -Basen

Eine wichtige Reaktionsform der Alkene ist die **Additionsreaktion** an **Doppelbindungen**. Um die zu dieser Reaktions-

1.2.4 Alkene

form gehörigen Fragen beantworten zu können, müssen zunächst die Begriffe nukleophil und elektrophil verstanden werden.

Einen elektronensuchenden Reaktionspartner nennt man **elektrophil** (Elektronen-liebend). Solch ein elektrophiles Teilchen wird auch als Lewis-Säure bezeichnet und kann sich dadurch an eine Doppelbindung anlagern, dass es sich die Elektronen der π-Bindung „klaut". Dadurch wird die Doppelbindung zu einer Einfachbindung und das Molekül folglich gesättigt.

War das Elektrophil ein positives Ion, ist folglich auch die neu entstandene gesättigte Verbindung positiv geladen. Sie wird nur neutral, wenn irgendwo ein Proton (H^+) abgegeben wird. Da es aber auch Lewis-Säuren gibt, die keine Ionen sondern neutral sind, ist das kein Muss. Darüber sollte man sich hier allerdings nicht den Kopf zerbrechen.

> **Merke!**
>
> Elektrophile sind Lewis-Säuren, die Elektronen suchen. Häufig fehlen ihnen zwei Elektronen. Kationen sind daher immer elektrophil (sie brauchen noch Elektronen).
> Ein Nukleophil ist eine Lewis-Base, die Kerne (positive Ladung) liebt. Der Grund dafür ist meist, dass es ein freies Elektronenpaar übrig hat.

Lewis-Basen (Nukleophile) und Lewis-Säuren (Elektrophile) reagieren miteinander: sie verbinden sich über eine σ-Bindung, deren Elektronenpaar das Nukleophil mitbringt und es sich dann sozusagen mit dem Elektrophil teilt. Diese Begriffe sind grundlegend für das Verständnis der nukleophilen Substitution (s. 2.1.2, S. 12).

Hydratisierung/Dehydratisierung, Hydrierung/Dehydrierung

Diese vier Reaktionsformen (s. s. Abb. 12, S. 7) sind nicht nur für die Chemie, sondern auch für die Biochemie prüfungsrelevant und wurden bislang im Physikum immer wieder gerne gefragt!

- Die **Addition** von Wasser nennt man **Hydratisierung**. Diese Additionsreaktion läuft nicht freiwillig, sondern säurekatalysiert ab. Ein Beispiel dafür ist die Reaktion eines Alkens zum entsprechenden Alkohol.
- Die **Anlagerung von Wasserstoff** an eine C=C-Doppelbindung heißt **Hydrierung**. Diese Additionsreaktion ist zwar exergon und exotherm, läuft aber trotzdem nicht von alleine ab. Ein Beispiel dafür ist die Reaktion eines Alkens zum entsprechenden Alkan.

> **Merke!**
>
> Durch Hydrierung einer C=C-Doppelbindung ändert sich die Hybridisierung der beiden beteiligten C-Atome von sp^2 zu sp^3 (s. Tab. 1, S. 2).

Beide Reaktionen lassen sich umkehren, was man als **Eliminierung** bezeichnet:

- Die **Dehydratisierung** ist also die Reaktion, bei der aus einem Alkohol unter **Abspaltung von Wasser** ein Alken entsteht.
- Die **Dehydrierung** ist die Reaktion, bei der **Wasserstoff abgespalten** wird und z. B. aus einem Alkan ein Alken entsteht.

Abb. 12: Hydrierung, Hydratisierung

medi-learn.de/6-ch2-12

1 Grundstrukturen und Grundbegriffe der Organik

> **Übrigens ...**
> Im schriftlichen Examen wird besonders gerne danach gefragt, ob es sich um eine Dehydrierung oder eine Dehydratisierung handelt.

In der organischen Chemie ist der Begriff **Dehydrierung gleichbedeutend mit Oxidation**, während eine **Hydrierung immer eine Reduktion bedeutet**.
Lasse dich also nicht verunsichern, wenn du in den Fragen „...oxidiert ..." liest, sondern suche einfach danach, ob im Reaktionsprodukt vielleicht zwei Wasserstoffatome fehlen. Fehlen sie, so wurde diese Verbindung dehydriert und damit oxidiert.
In der Biochemie wird dagegen oft die enzymatische Reduktion von Carbonylverbindungen mit NADH gefragt. Hierbei wird ein Hydrid-Ion (H⁻) auf das C-Atom der Carbonylverbindung übertragen.

1.2.5 Alkine

Alkine sind Kohlenwasserstoffe mit einer C≡C-Bindung (s. Tab. 1, S. 2). Neben den Alkenen (s. 1.2.4, S. 5) gehören auch sie zur Gruppe der ungesättigten Kohlenwasserstoffe. Ihre Namen ergeben sich aus denen der entsprechenden Alkane durch Ersetzen der Endung -an durch -in und ihre allgemeine Summenformel lautet C_nH_{2n-2}.

Die wichtigsten Vertreter der Alkine sind:
Ethin: H—C ≡ C—H
Propin: H—C ≡ C—CH₃
1-Butin: H—C ≡ C—CH₂—CH₃
2-Butin: CH₃—C ≡ C—CH₃

Folgende Fakten wurden bislang im Schriftlichen gefragt:
- Da die Dreifachbindung linear ist, gibt es bei Alkinen keine Cis-Trans-Isomerie.
- In But-2-in liegen alle vier C-Atome auf einer Geraden (Bindungswinkel 180°), nicht aber im But-1-in. Grund: Die Bindung zwischen CH₂—CH₃ im But-1-in ist eine frei drehbare Einfachbindung zwischen zwei sp³-hybridisierten C-Atomen mit einem Tetraederwinkel.
- Es gibt auch cyclische Alkine, die jedoch erst ab einer Länge von ca. acht-C-Atomen stabil sind.

Eine wichtige Reaktionsform der Alkine ist die **Additionsreaktion** an der Dreifachbindung. Analog zu den Alkenen reagieren mit den Alkinen gerne **Lewis-Säuren** (**elektrophile Teilchen**, s. Lewis-Säuren und -Basen, S. 6 ff), indem sie sich an die Dreifachbindung anlagern und mit den Elektronen der π-Bindung(en) reagieren: Wird Wasser addiert, spricht man von einer Hydratisierung, lagert sich Wasserstoff an, nennt man die Addition Hydrierung.

1.2.6 Aromaten

Aromaten sind diejenigen Kohlenwasserstoffe, die sich vom Benzol ableiten.

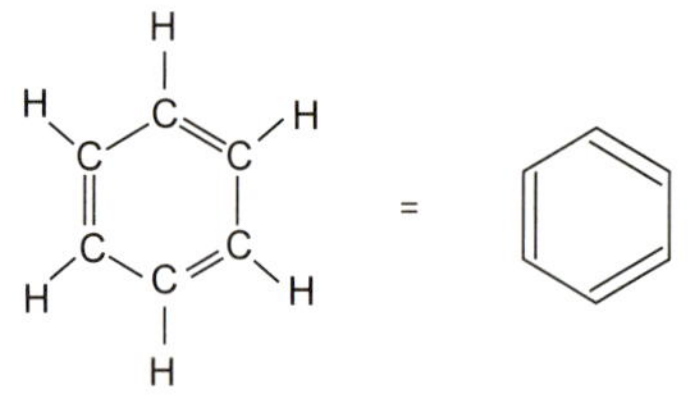

Abb. 13: Benzol *medi-learn.de/6-ch2-13*

Im Benzol sind alle sechs C-Atome sp²-hybridisiert und liegen in einer Ebene. Die π-Elektronen befinden sich aber nicht fest in den Doppelbindungen, sondern sind symmetrisch über den Sechserring verteilt, was man **delokalisiert** nennt. Für diese Besonderheit der delokalisierten (verteilten) Elektronen benutzt man den Begriff **Mesomerie**. Die beiden Formeln (s. Abb. 14, S. 9), die diesen Zustand darstellen sollen, nennt man **mesomere Grenzformen**. Eine Verbindung, die diese Besonderheit aufweist, ist **mesomeriestabilisiert**, was bedeutet, dass es nicht so leicht ist, ein so verteiltes π-Elektron an-

1.2.6 Aromaten

zugreifen (eine solche Bindung aufzubrechen). In Aromaten gibt es also keine richtigen Doppelbindungen und Einfachbindungen mehr. Daher ist auch die oben gezeichnete Formel des Benzols nur ein Modell, das man oft der Einfachheit halber so darstellt. Diese Besonderheit der Aromaten lässt sich besser erfassen, indem man zwei mesomere Grenzformen zeichnet oder den Aromaten als Sechserring mit einem Kreis in der Mitte darstellt (was dasselbe bedeutet), um die tatsächliche Verteilung (Delokalisation) der π-Elektronen zu symbolisieren.

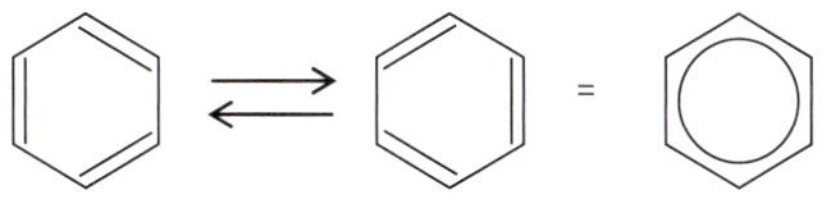

Abb. 14: Benzolmesomerie *medi-learn.de/6-ch2-14*

Befindet sich ein Substituent (s. 1.2.4, S. 5) am Aromaten, dann gibt es für eine weitere Gruppe am Ring drei verschiedene mögliche Positionen:
- **ortho** (o-Stellung = benachbart),
- **meta** (m-Stellung = zwischen) und
- **para** (p-Stellung = gegenüber).

Diese drei solltest du dir gut merken und auch im Physikum erkennen.

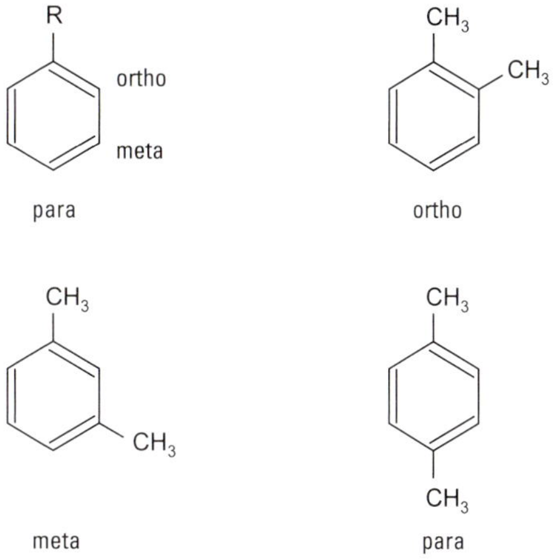

Abb. 15: Positionen am Ring (ortho, meta, para)
medi-learn.de/6-ch2-15

Übrigens ...
Taucht in einem Substanznamen die Silbe „Benz" auf, so ist dies ein Hinweis darauf, dass es sich um eine Verbindung mit aromatischem Ring handelt (z. B. Benzol, Benzaldehyd und Benzoesäure).

DAS BRINGT PUNKTE

Wie schon zu Anfang erwähnt, sind die in diesem Kapitel beschriebenen Dinge so grundlegend, dass vorausgesetzt wird, dass du sie weißt. Explizit danach gefragt wird allerdings so gut wie nie. Trotzdem hier noch mal in Kurzform, was man – besonders für die **Fächer Chemie und Biochemie** – einfach wissen muss:

- Das vierbindige C-Atom ist sp^3-hybridisiert, wenn es vier σ-Bindungen eingeht.
- Ein sp^2-hybridisiertes C-Atom ist an einer Doppelbindung beteiligt.
- An Doppelbindungen (nicht frei drehbar) gibt es Cis-Trans-Isomere, d. h., dass sich zwei Substituenten entweder auf der gleichen Seite oder auf verschiedenen Seiten der Verbindung befinden.
- Elektrophile sind Teilchen, die Elektronen suchen.
- Ein Nukleophil ist ein Teilchen, das Kerne (positive Ladung) liebt.
- Die Addition von Wasser nennt man Hydratisierung.
- Die Anlagerung von Wasserstoff an eine C=C-Doppelbindung heißt Hydrierung.
- Die Dehydratisierung ist eine Reaktion unter Abspaltung von Wasser.
- Die Dehydrierung ist die Reaktion, bei der Wasserstoff abgespalten wird.

FÜRS MÜNDLICHE

Zunächst ein paar Anmerkungen:
- Eigentlich gibt es im Physikum keine mündliche Chemieprüfung, aber wie du schon weißt, kommt man ohne chemische Grundlagen nur selten durch die mündliche Biochemieprüfung.
- Nach den meisten aufgeführten Fakten wird nicht explizit gefragt, sondern sie werden einfach vorausgesetzt. Vieles davon solltest du auch aufzeichnen können, deshalb zücke schon mal einen Stift und zeichne bei den Antworten eifrig mit.
- Was man unbedingt beherrschen sollte, ist die **Nomenklatur**, da es einen sehr schlechten Eindruck macht, wenn man sich dabei immer wieder irrt.

Beispiele:
- Eine Methylgruppe ist ein Methan, das an einer Verbindung hängt,
  - -an ist die Endung eines Alkans,
  - -en die Endung eines Alkens und
  - -yl die Endung, die an den Namen einer Substanz (z. B. bei Methan = Methylgruppe) gehängt wird, die sich als Substituent (s. 1.2.4, S. 5) an einer Verbindung befindet.
- Wenn du Reaktionsketten auswendig lernst, mach dir am besten immer klar, welcher Reaktionstyp abläuft.

Doch nun zu den konkreten Fragen:

1. Bitte erklären Sie, was ein Nukleophil und was ein Elektrophil ist.

2. Erläutern Sie bitte die Begriffe Hydratisierung, Dehydratisierung, Hydrierung und Dehydrierung.

3. Bitte zeichnen Sie eine Sessel- und eine Wannenform auf und erläutern Sie an der Sesselform die Begriffe äquatorial und axial.

FÜRS MÜNDLICHE

1. Bitte erklären Sie, was ein Nukleophil und was ein Elektrophil ist.

Elektrophile sind positiv geladene oder polarisierte Teilchen, die Elektronen suchen, z. B. Kationen. Diese Teilchen brauchen also noch Elektronen.

Ein Nukleophil dagegen ist ein negativ geladenes oder polarisiertes Teilchen, das positive Ladungen liebt, wie z. B. der Sauerstoff in der negativen Partialladung des Wasserdipols (s. 1.2.4, S. 5).

2. Erläutern Sie bitte die Begriffe Hydratisierung, Dehydratisierung, Hydrierung und Dehydrierung.

- Die **Addition von Wasser** nennt man **Hydratisierung**. Dadurch wird z. B. aus einem Alken der entsprechende Alkohol.
- Die **Dehydratisierung** ist die umgekehrte Reaktion unter **Abspaltung von Wasser**, z. B. wenn aus einem Alkohol das passende Alken wird.
- Die **Anlagerung von Wasserstoff** (H_2) an eine C=C-Doppelbindung heißt **Hydrierung**. So wird z. B. aus einem Alken ein Alkan.
- Die **Dehydrierung** ist die umgekehrte Reaktion, bei der **Wasserstoff abgespalten** wird und sich z. B. aus einem Alkan das entsprechende Alken bildet.

3. Bitte zeichnen Sie eine Sessel- und eine Wannenform auf und erläutern Sie an der Sesselform die Begriffe äquatorial und axial.

Jedes C-Atom trägt ein H-Atom, das senkrecht (nach oben oder nach unten zeigend) steht und eines, das mit seinem C-Atom in einer Ebene (waagerecht) liegt. Die senkrecht stehenden H-Atome nennt man auch axial (a), die waagerecht stehenden äquatorial (e).

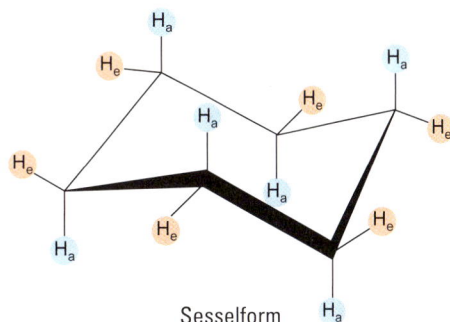

Sesselform

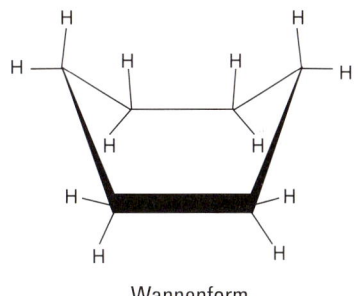

Wannenform

Pause

Ein paar Seiten hast Du schon geschafft!
5-Minuten-Päuschen und weiter geht's!

2 Erkennen ist alles – Funktionelle Gruppen und Strukturelemente

Fragen in den letzten 10 Examen: 26

Ersetzt man an Kohlenwasserstoffen ein oder mehrere H-Atome durch andere Substituenten, entstehen oftmals Verbindungen mit ganz anderen charakteristischen Eigenschaften. Diese speziellen Gruppen, die den Charakter der organischen Verbindung bestimmen, nennt man **funktionelle Gruppen**.

Das Ziel dieses Kapitels ist, dass du bestimmte funktionelle Gruppen auch in größeren Verbindungen erkennst und einige ihrer wichtigsten charakteristischen Reaktionen kennen lernst.

Die Themen dieses Kapitels werden immer wieder ausführlich gefragt. Du bist also hoffentlich ausgeruht aus der Pause zurück und wieder mit voller Konzentration dabei.

2.1 Grundlagen

Damit du dich in diesem Kapitel mit den vielen verschiedenen funktionellen Gruppen zurecht findest, steht zunächst wieder die Nomenklatur auf dem Programm, gefolgt von einer fundamentalen Reaktionsform der Chemie, der nukleophilen Substitution.

2.1.1 Bezeichnung der C-Atome

Um auch in größeren organischen Molekülen klarzumachen, von welchem C-Atom man spricht, werden die C-Atome durchnummeriert. Dafür muss man die Moleküle natürlich in einer ganz bestimmten Weise aufschreiben.

Merke dir, dass man beim Beziffern am C-Atom mit der am höchsten oxidierten funktionellen Gruppe beginnt und von dort ab durchzählt. In den bisherigen Fragen hieß dies von linksoben nach rechts-unten.

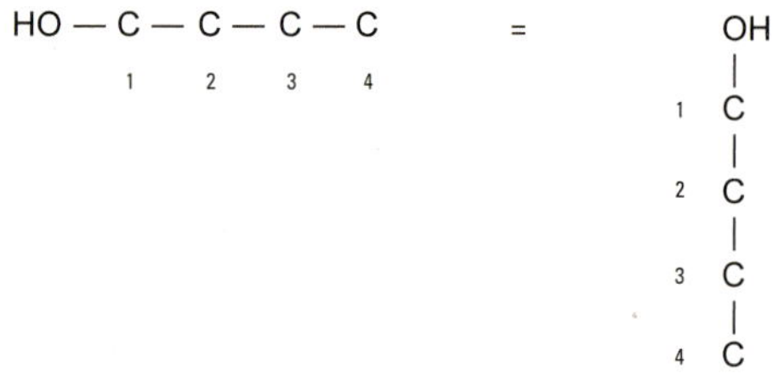

HO — C — C — C — C   =   OH
     1 2 3 4   1 C
                                                     2 C
                                                     3 C
                                                     4 C

Abb. 16: C-Bezifferung   *medi-learn.de/6-ch2-16*

Eine andere Art der Ortsbezeichnung sind die griechischen Buchstaben. Hier bezieht man sich immer auf eine funktionelle Gruppe. Das dieser Gruppe benachbarte C-Atom ist dann α-ständig, das daneben β-ständig usw.

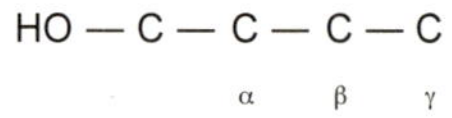

HO — C — C — C — C
          α   β   γ

Abb. 17: α, β ... -C-Atom   *medi-learn.de/6-ch2-17*

> **Übrigens ...**
> Neben Ziffern und Buchstaben dienen der Charakterisierung von C-Atomen auch die Begriffe
> - primär (mit einem weiteren C-Atom verbunden),
> - sekundär (mit zwei C-Atomen verbunden),
> - tertiär (mit drei C-Atomen verbunden) und
> - quartär (mit vier C-Atomen verbunden).

2.1.2 Nukleophile Substitution

Wie bereits im letzten Kapitel (s. 1.2.4, S. 5) erläutert, sind nukleophile Moleküle oder Atome, die Kerne – also positive Ladungen – „lieben"; meistens weil sie ein freies Elektronenpaar besitzen. Hieraus ergibt sich das Prinzip der **nukleophilen Substitution**, die eine wichtige Reaktion in der organischen Chemie ist.

2.2 Heterozyklen

Bei der nukleophilen Substitution greift ein Nukleophil mit seinem freien Elektronenpaar an, bindet an das Elektrophil, und die Abgangsgruppe (so nennt man die funktionelle Gruppe, die abgespalten und somit substituiert wird) nimmt ihr bindendes Elektronenpaar mit. Weil sie nun wieder ihr eigenes Elektronenpaar hat, ist sie somit auch wieder ein Nukleophil.

> **Merke!**
>
> Bei der nukleophilen Substitution wird ein Nukleophil durch ein anderes ersetzt, d. h. substituiert.

$$\overline{\underline{Nu}}^- + C-X \longrightarrow C-Nu + \overline{\underline{X}}^-$$

Abb. 18: Nukleophile Substitution

medi-learn.de/6-ch2-18

2.2 Heterozyklen

Ringsysteme, die nicht nur aus C-Atomen bestehen, sondern auch andere Atome oder funktionelle Gruppen enthalten, nennt man Heterozyklen (von hetero, gr.: verschieden).
Im schriftlichen Examen wird von dir verlangt, dass du bestimmte Heterozyklen erkennst. In der Tabelle auf der nächsten Seite kannst du sehen, wonach in den letzten zehn Jahren gefragt wurde.

> **Übrigens ...** 
> Am häufigsten gefragt wurden bisher der Imidazol- und der Pyrimidinring. Die solltest du dir also unbedingt einprägen und sie auch in größeren Verbindungen erkennen.

2.3 Chinone

Chinone sind cyclische Verbindungen, deren Ring ausschließlich aus C-Atomen besteht (sie sind also KEINE Heterozyklen) und die über zwei OH-Gruppen verfügen. Befinden sich diese zwei OH-Gruppen am aromatischen Ring in para-Stellung, erhält man das **Hydrochinon** (ein zweiwertiges Phenol, s. 2.5.1, S. 16). Dieses Hydrochinon ist ein gutes Reduktionsmittel, d. h., dass es leicht an beiden OH-Gruppen **dehydriert** (**oxidiert**) werden (s. 1.2.4, S. 5) kann. Dabei entsteht p-Chinon (1,4-Benzochinon, s. Abb. 19, S. 13). Chinone enthalten also zwei C=O-Gruppen, die an einem Sechsring durch konjugierte Doppelbindungen (s. Abb. 10 a, S. 6 + s. Abb. 10 b, S. 6) verbunden sind. Ein für den Stoffwechsel wichtiges Chinon, das du kennen solltest, ist Vitamin K: 2-Methyl-3-phytyl-1,4-naphtochinon.

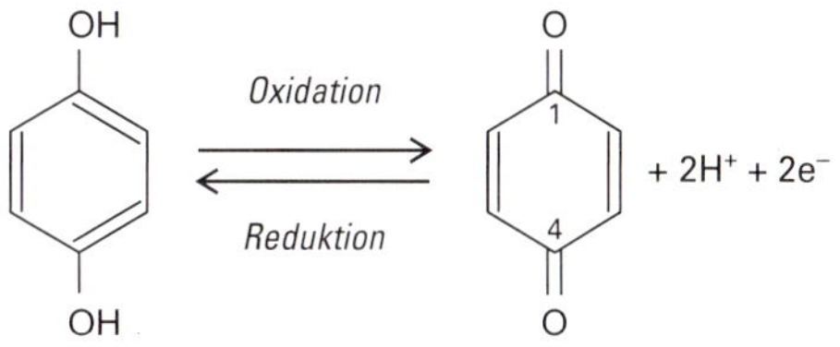

Hydrochinon ⇌ p-Chinon (= 1,4 - Benzochinon) + 2H$^+$ + 2e$^-$

Abb. 19: Hydrochinon/Chinon *medi-learn.de/6-ch2-19*

> **Merke!**
>
> – Im Gegensatz zum Hydrochinon ist para-Benzochinon keine aromatische Verbindung (s. 1.2.6, S. 8).
> – Es gibt nur Chinone, bei denen die C=O-Gruppen in para-Stellung oder ortho-Stellung stehen, weil nur dann die C=C-Doppelbindungen konjugiert sind, was zur Definition eines Chinons gehört.

> **Übrigens ...**
> In der meta-Stellung wären die Doppelbindungen nicht konjugiert. Deshalb gibt es auch KEIN m-Chinon. Dazu wird im Physikum gern mal folgende Falle gestellt: Resorcin (1,3-Dihydroxybenzol) ähnelt dem Hydrochion.

2 Erkennen ist alles – Funktionelle Gruppen und Strukturelemente

Es hat jedoch die OH-Gruppen in m-Stellung, weshalb es NICHT zu Chinon oxidiert werden kann.

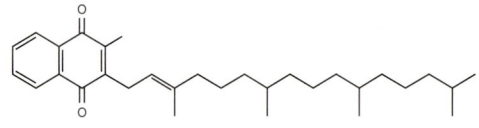

Abb. 20: Vitamin K *medi-learn.de/6-ch2-20*

2.4 Amine

Amine sind Verbindungen mit Stickstoff. Grundlage für die Amine ist das **Ammoniak** (NH_3) mit seinem **dreibindigen Stickstoff** (das N hat drei Atombindungen zu Wasserstoff-Atomen) und seinem freien Elektronenpaar. Ersetzt man die H-Atome nacheinander durch organische Reste (z. B. eine Methylgruppe), erhält man **primäre** (ein H-Atom ersetzt), **sekundäre** (zwei H-Atome ersetzt) und **tertiäre** (drei H-Atome ersetzt) **Amine** (s. Abb. 21, S. 15). Die funktionelle Gruppe der Amine ist die **Ami-**

Heterozyklus	Strukturformel		Vorkommen
Imidazolring	Imidazol	(Ring mit N-H an Position 1, N an Position 3)	Er kommt z. B. in der Aminosäure Histidin und im Purinring vor (s.u.).
Er sollte nicht mit dem Pyrrolring verwechselt werden.	Pyrrol	(Fünfring mit N-H an Position 1)	Diesen Ring findet man als Tetrapyrrol im Porphyringerüst des Häm.
Thiazolring	Thiazol	(Ring mit S an Position 1, N an Position 3)	Er findet sich u. a. in Vitamin B_1 und dem Antibiotikum Sulfathiazol, einem Sulfonamid.
Purinring	Purin	(Bicyclus mit N an 1,3,7,9 und N-H)	Purin ist die Grundlage für die Nukleinbasen Adenin und Guanin der DNA.
Pyrimidinring	Pyrimidin	(Sechsring mit N an 1 und 3) → Name lang: zwei N	Ist der Grundkörper der drei anderen in der Nukleinsäure vorkommenden Basen: Cytosin, Uracil und Thymin
Vorsicht! Man verwechselt ihn leicht mit dem Pyridinring	Pyridin	(Sechsring mit N an 1) → Name kurz: ein N	Er findet sich in den Vitaminen B_6 und Nicotinsäure/Nicotinamid.

Tab. 2: Wichtige Heterozyklen

nogruppe (NH₂, NH oder N). Amine reagieren in Wasser basisch, denn an das freie Elektronenpaar des Stickstoffs kann sich ein Proton (H⁺-Ion) anlagern. In wässriger Lösung ergibt sich deshalb folgendes Gleichgewicht (s. Abb. 22, S. 15)

Versetzt man nun ein tertiäres Amin mit Methyliodid, so verdrängt das N mit seinem freien Elektronenpaar das Iod als Anion und es bildet sich ein **quartäres** Ammoniumsalz. Diese Reaktion ist eine nukleophile Substitution (s. 2.1.2, S. 12).

Du darfst die Klassifizierung der Amine in primäre, sekundäre usw. nicht mit der der Alkohole durcheinander bringen. Bei den Alkoholen kennzeichnen diese Begriffe nicht den Substitutionstyp der funktionellen Gruppe selbst (wie bei den Aminen), sondern den des benachbarten C-Atoms (s. 2.5, S. 15).

Hier noch ein kurzer Vorgriff auf die Biochemie, da dies immer wieder bereits im Chemieteil gefragt wird:

> **Merke!**
>
> Harnstoff wird Urease-katalysiert (z. B. durch Helicobacter pylori) in Ammoniak und Kohlendioxid gespalten.

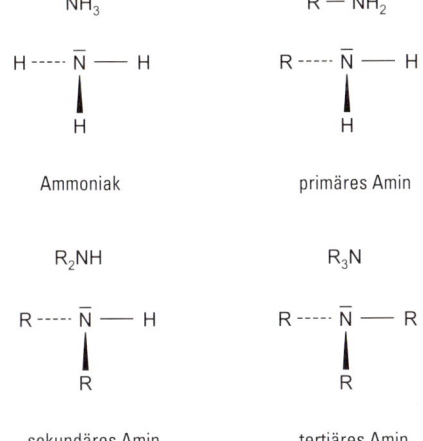

Abb. 21: Grundstruktur Amine

medi-learn.de/6-ch2-21

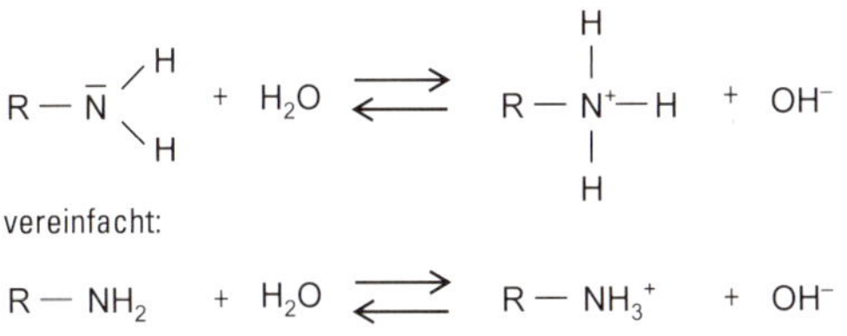

2.5 Alkohole

Die funktionelle Gruppe der Alkohole ist die **Hydroxylgruppe (OH-Gruppe)**. Ersetzt man ein H-Atom an einem **Alkan** durch eine solche OH-Gruppe erhält man den entsprechenden **Alkohol**. Macht man das mit einem Aromaten, so erhält man **Phenol**. Die funktionelle Gruppe heißt hier **phenolische OH-** oder ebenfalls **Hydroxylgruppe**.

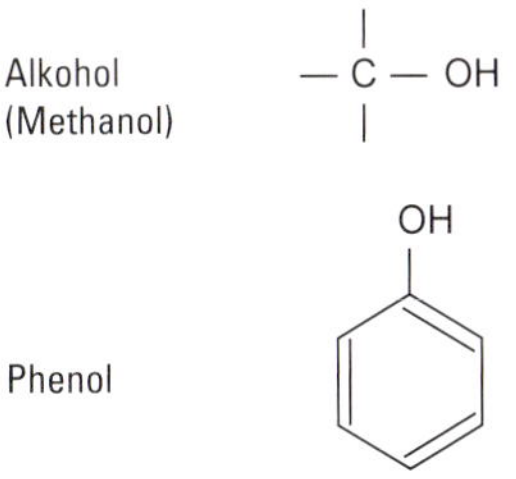

Alkohol (Methanol)

Phenol

Abb. 24: Alkohol, Phenol   *medi-learn.de/6-ch2-24*

Abb. 22: Gleichgewicht NH₂ ↔ NH₃⁺

medi-learn.de/6-ch2-22

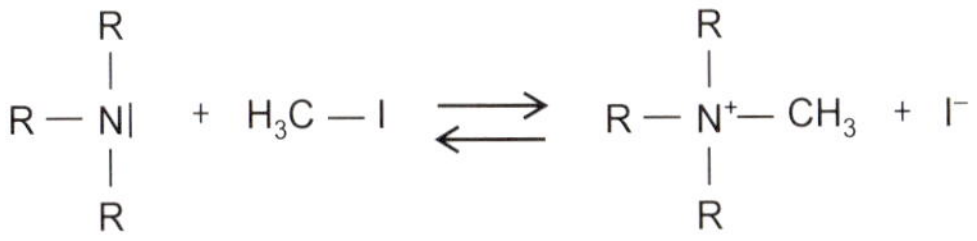

Abb. 23: Reaktion quartäres Ammoniumsalz

medi-learn.de/6-ch2-23

> **Übrigens ...**
>
> Hin und wieder musste man zur Beantwortung einer Frage im Examen die Definition des Wortes Phenol wissen: Phenole sind organische Verbin-

2 Erkennen ist alles – Funktionelle Gruppen und Strukturelemente

dungen, in denen mindestens eine Hydroxylgruppe direkt am aromatischen Ring gebunden ist.

Die Bezeichnung des Alkohols ergibt sich aus dem Namen des Alkans, an den man zusätzlich die Endsilbe **-ol** anhängt.
In Strukturformeln solltest du auf alle Fälle das giftige Methanol und das für unseren Rausch zuständige Ethanol erkennen.

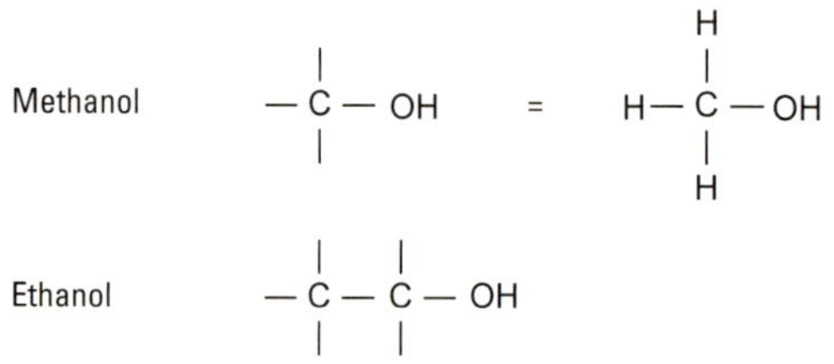

Abb. 25: Methanol, Ethanol   *medi-learn.de/6-ch2-25*

Die Einteilung in **primäre**, **sekundäre** und **tertiäre** Alkohole erfolgt anders als bei den Aminen (s. 2.4, S. 14). Bei den Alkoholen betrachtet man das C-Atom, das der OH-Gruppe benachbart ist und schaut, mit wie viel weiteren C-Atomen dieses verbunden ist.

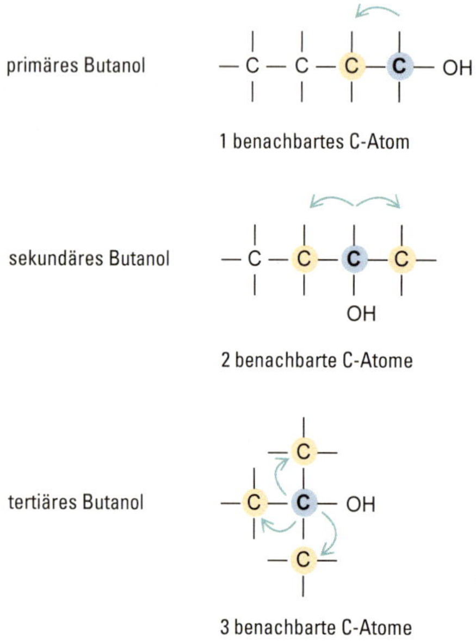

Abb. 26: Primär, sekundär und tertiär
medi-learn.de/6-ch2-26

Eine Besonderheit der Alkohole ist ihre **polarisierte** OH-Gruppe, die dazu führt, dass Alkohole besser in Wasser löslich (hydrophil) sind als Alkane. Dadurch erklärt sich, dass sie **Wasserstoffbrückenbindungen** ausbilden können. Da Wasserstoffbrückenbindungen stärker sind als die Van-der-Waals-Kräfte (s. Skript Chemie 1) zwischen den apolaren Alkanen, ist mehr Energie nötig, um Alkohole vom flüssigen in den gasförmigen Zustand zu bringen. Das bedeutet, dass sie einen **höheren Siedepunkt** als Alkane oder Ether vergleichbarer Molmasse haben.
Die bessere Löslichkeit von Alkoholen durch die polare Hydroxylgruppe macht sich der Körper in der Biotransformation zunutze: Die Leber **hydroxyliert** apolare Stoffe, um sie für die Niere ausscheidbar zu machen.

2.5.1 Wertigkeit

Ein Alkohol kann auch mehrere OH-Gruppen gleichzeitig tragen. Die **Anzahl der OH-Gruppen** bestimmt dabei seine **Wertigkeit**. Hat eine

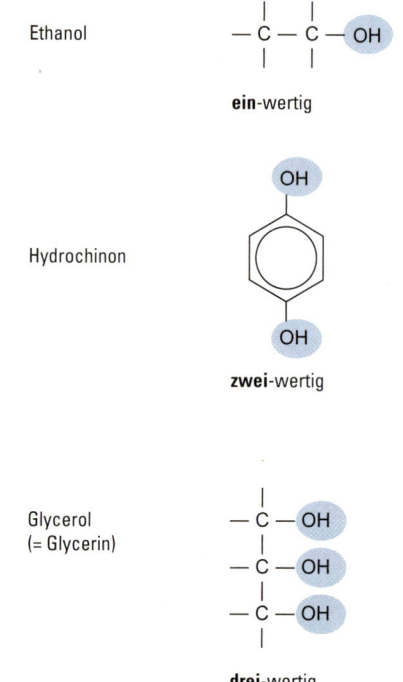

Abb. 27: Ethanol, Hydrochinon, Glycerol
medi-learn.de/6-ch2-27

2.5.2 Oxidation von Alkoholen

Verbindung also insgesamt drei OH-Gruppen (die NICHT zu einer Carboxylgruppe gehören, s. 2.8, S. 22 ff), so handelt es sich um einen dreiwertigen Alkohol, hat sie zwei OH-Gruppen, so ist der Alkohol zweiwertig usw.

Die Substanz 1,2-Dihydroxybenzol (1,2-Dihydroxybenzen) ist ebenfalls ein zweiwertiger Alkohol und gleichzeitig auch ein zweiwertiges Phenol. Im Gegensatz zum Hydrochinon (s. Abb. 27, S. 16) stehen seine beiden OH-Gruppen in ortho-Stellung (benachbart) zueinander am Benzolring. Besser bekannt ist es unter dem Namen Katechol, der Struktur, die den Katecholaminen ihren Namen gab.

2.5.2 Oxidation von Alkoholen

Mit geeigneten Oxidationsmitteln können Alkohole oxidiert werden.

> **Merke!**
>
> – **Primäre Alkohole** lassen sich zu **Aldehyden** oxidieren (dehydrieren).
> – **Sekundäre Alkohole** lassen sich zu **Ketonen** oxidieren (dehydrieren).
> – **Tertiäre Alkohole** können **NICHT** oxidiert werden.

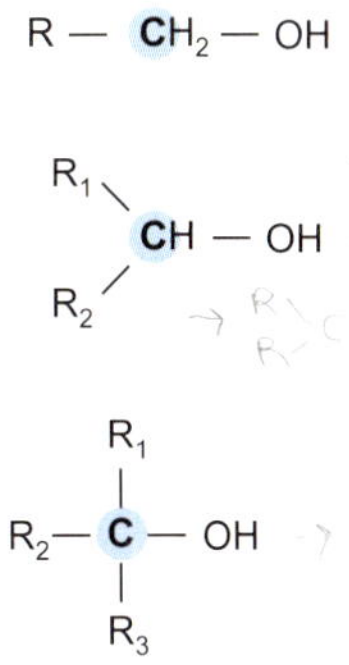

Abb. 28: Primärer, sekundärer, tertiärer Alkohol

2.6 Ether

Ether sind Verbindungen folgender Art:

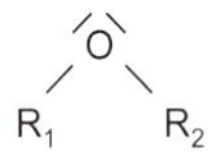

Abb. 29: Allgemeine Formel Ether

Sie werden nach den beteiligten Alkylresten benannt, z. B. als

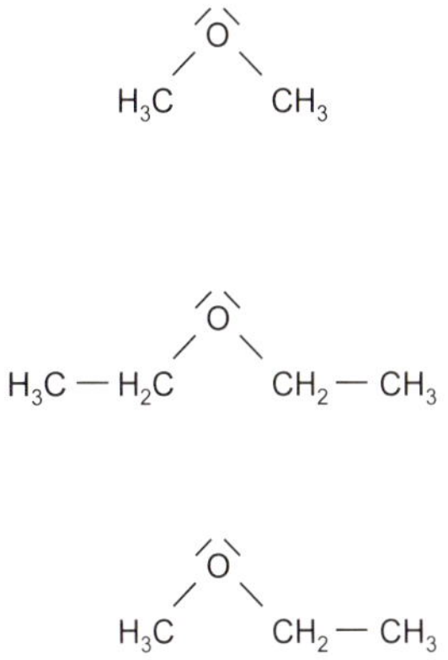

Dimethylether

Diethylether

Methylethylether

Abb. 30: Alkylether

Ether bilden sich aus zwei Molekülen Alkohol unter dem Einfluss konzentrierter Säuren, indem ein Wassermolekül abgespalten wird. Umgekehrt werden sie durch Hydrolyse (Spaltung einer Verbindung durch Wasseraufnahme) wieder zu Alkoholen gespalten.

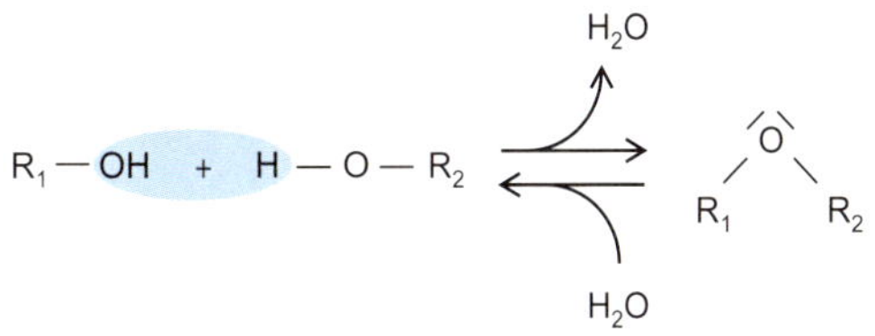

Abb. 31: Ether-Bildung/Hydrolyse

2 Erkennen ist alles – Funktionelle Gruppen und Strukturelemente

Da Ether keine Wasserstoffbrücken untereinander ausbilden können, liegen ihre Siedepunkte unter denen der isomeren Alkohole (s. 2.5, S. 15).

> **Merke!**
> – Sowohl die Etherbildung als auch die Etherspaltung laufen säurekatalysiert ab.
> – Bitte NIE Ether und Ester (s. 2.9.1, S. 26) verwechseln.

2.7 Aldehyde und Ketone

Aldehyde und Ketone enthalten als funktionelle Gruppe die **Carbonylgruppe** (eine C=O-Doppelbindung). Bei **Aldehyden** ist das Carbonyl-C-Atom mit einem organischen Rest – also **einem weiteren C** und einem H – verbunden, bei einem **Keton** sind es zwei organische Reste, also zwei **C-Atome**. Auch hier gilt wieder: fürs Physikum ist es am wichtigsten, dass du einen Aldehyd/ein Keton **erkennst**.

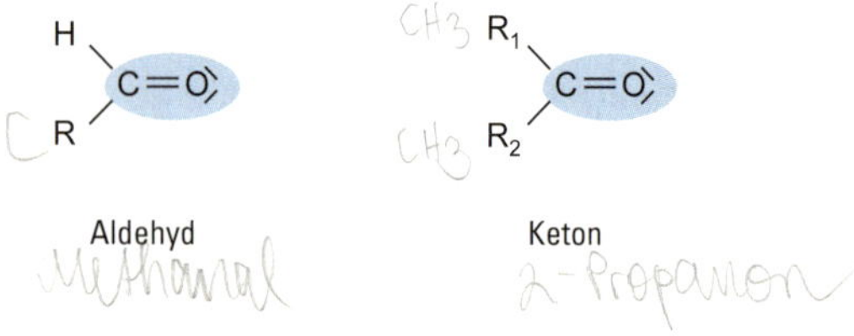

Abb. 32: Allgemeine Formel Aldehyde und Ketone
medi-learn.de/6-ch2-32

Die Bezeichnung des Aldehyds ergibt sich aus dem Namen des Alkans, an dem man zusätzlich die Endsilbe **–al** anhängt, die Ketone erkennt man an der Endung **–on**.

> **Beispiele**
> – Das Methanal (Formaldeyd) hat analog zu dem Methan ein C-Atom.
> – Aceton ist ein Keton.

Anders als die C=C-Doppelbindung ist die Doppelbindung der Carbonylgruppe stark polarisiert, das **C-Atom** trägt eine **positive Partialladung** und ist somit ein **elektrophiles** Zentrum, das **O-Atom** hat eine **negative Partialladung** und ist deshalb ein **nukleophiles** Zentrum. Wie schon bei den Alkoholen erwähnt, entstehen Aldehyde/Ketone durch Oxidation (Dehydrierung) aus Alkoholen. Oxidiert man einen primären Alkohol, erhält man einen Aldehyd; oxidiert man einen sekundären Alkohol, entsteht ein Keton (s. 2.5.2, S. 17). Diese Reaktionen sind auch umkehrbar: reduziert man einen Aldehyd, erhält man einen primären Alkohol, bei der Reduktion eines Ketons entsteht ein sekundärer Alkohol.

> **Merke!**
> – Ketone können NICHT weiter oxidiert werden.
> – Aldehyde reagieren bei Zugabe eines Oxidationsmittels zu Carbonsäuren.

> **Beispiel**
> Aus Methanal (Formaldehyd) wird durch Oxidation Ameisensäure (Methansäure, Formylsäure).

2.7.1 Keto-Enol-Tautomerie

Wie vorne beschrieben, ist die Carbonylgruppe polarisiert. Diese Polarisation ist so stark, dass sie sich auf das α-C-Atom (s. 2.1.1, S. 12) auswirkt: die C-H-Bindung ist dadurch stärker acide als bei normalen C-Atomen. Stärker acide bedeutet, dass es dem α-C-Atom einer Carbonylgruppe leichter fällt, ein H^+ abzugeben. Durch diese H^+-Abgabe entsteht ein Anion, das aufgrund des freigewordenen Elektronenpaars und dessen gleichmäßiger Verteilung (Delokalisation) zwischen dem α-C und dem Carbonyl-O mesomeriestabilisiert ist (s. 1.2.6, S. 8).

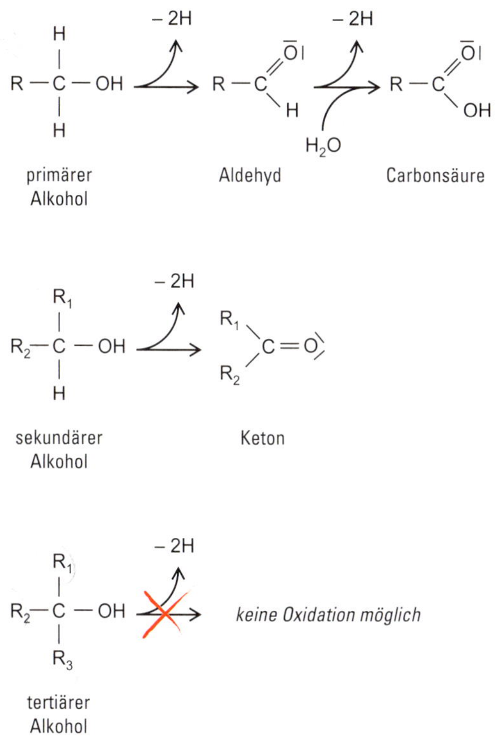

2.7.2 Halbacetal- und Acetalbildung

Diese beiden Formen nennt man Tautomere (eine Untergruppe der Konstitutions-/Strukturisomere, s. 3.1, S. 36). Die Tautomere stehen miteinander in einem Gleichgewicht, das sich **sowohl säure- als auch basekatalysiert** langsam einstellt.

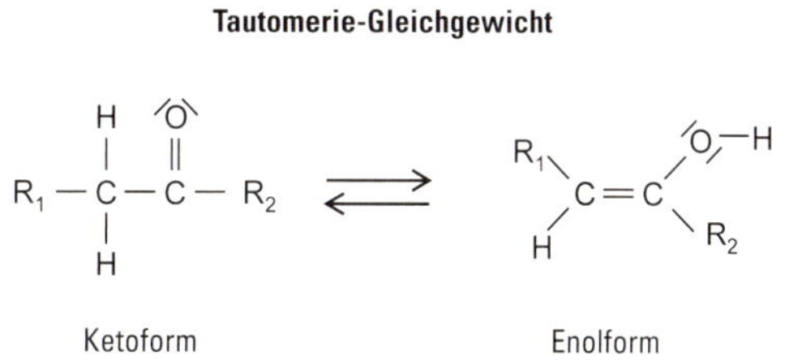

Abb. 33: Oxidation Alkohol

medi-learn.de/6-ch2-33

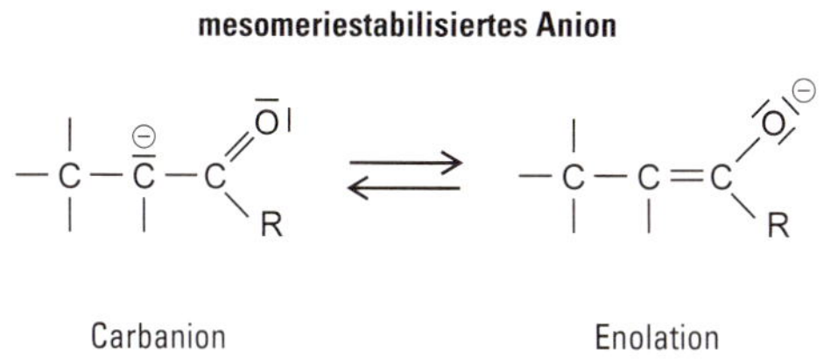

Abb. 34: Carbanion, Enolation

medi-learn.de/6-ch2-34

Abb. 35: Keto-Enol-Tautomerie

medi-learn.de/6-ch2-35

Das klingt zwar erst mal alles furchtbar kompliziert, aber wenn man das ganze Drumherum und den komplizierten Ablauf ausblendet, wandert nur ein H^+ vom α-C-Atom zum Carbonyl-O und dadurch lagert sich die Doppelbindung um.

Im Physikum wird verlangt, Keto-Enol-Paare zu erkennen. Zusätzlich solltest du wissen, dass eine Tautomerie überhaupt nur möglich ist bei Aldehyden, Ketonen und Enolen. Also Verbindungen mit einer C=O-Doppelbindung, wobei am C-Atom außerdem eine OH-Gruppe sein muss.

Gibt man zu diesem mesomeriestabilisierten Anion jetzt H^+-Ionen im Überschuss, hat es zwei Möglichkeiten, ein H^+ aufzunehmen:
1. Es lagert das H^+-Ion am α-C-Atom an. Daraus resultiert das ursprüngliche Aldehyd/Keton und die Bezeichnung **Ketoform**.
2. Es lagert das H^+-Ion am O an. Dann bildet sich die **Enolform** („En" als Hinweis auf die C=C-Doppelbindung und „ol" für die entstandene Alkoholgruppe).

2.7.2 Halbacetal- und Acetalbildung

Aldehyde und Ketone reagieren mit Alkoholen, wobei der Sauerstoff des Alkohols das elektrophile Zentrum (das positiv polarisierte C-Atom der Carbonylgruppe) angreift. Hierbei entstehen Halbacetale und Halbketale.

Früher nannte man die aus Aldehyden entstehenden Verbindungen Halbacetale und die aus Ketonen Halbketale, heute heißt beides Halbacetal.

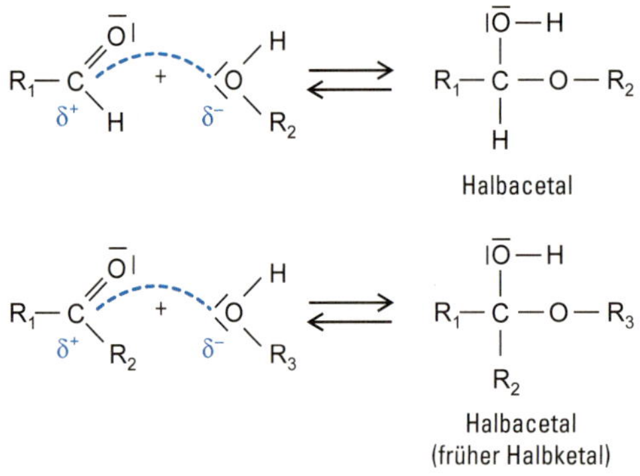

2 Erkennen ist alles – Funktionelle Gruppen und Strukturelemente

Abb. 36: Halbacetale *medi-learn.de/6-ch2-36*

Greift ein weiteres Alkoholmolekül in der säurekatalysierten Folgereaktion nach Wasserabspaltung ein Halbacetal an, so entsteht daraus ein Acetal oder ein Ketal.

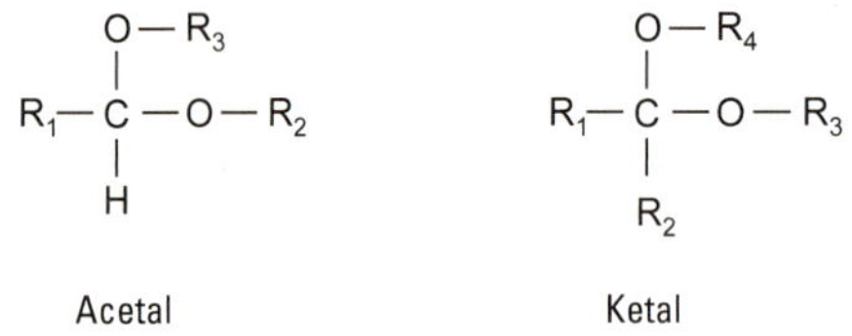

Abb. 37: Acetal, Ketal *medi-learn.de/6-ch2-37*

Findet diese Reaktion der Carbonylgruppe mit einer Alkoholgruppe desselben Moleküls statt, bilden sich **cyclische Halbacetale**.

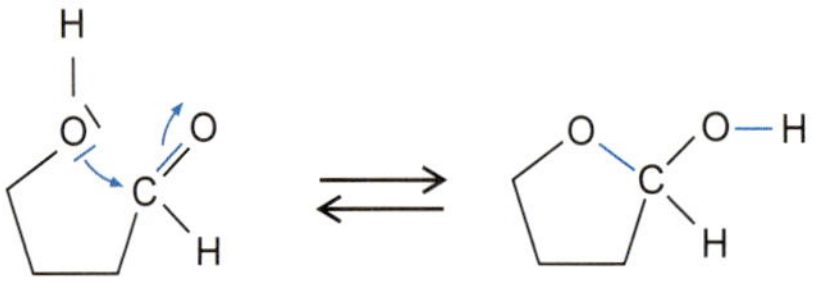

Abb. 38: Cyclisches Halbacetal

medi-learn.de/6-ch2-38

Da es auch hier am wichtigsten ist, diese Strukturelemente zu erkennen, solltest du dir Folgendes merken:

> **Merke!**
>
> - Ein **Halbacetal** erkennt man an **einem C, das gleichzeitig mit einer OH-Gruppe und einem O-R** verbunden ist (R ein weiteres C-Atom/weitere C-Atome).
> - Ein **cyclisches Halbacetal** erkennt man an einem Ring, der **ein O zwischen zwei C-Atomen** enthält, wobei an **einem der beiden „Nachbar-Cs" eine OH-Gruppe hängt.**
> - Beim **Acetal** und **Ketal** suchst du einfach nach einem C, das **zwei O-Atome** als Nachbarn hat, die beide jeweils mit einem weiteren organischen Rest (C-Atom/-e) verbunden sind:
> - **H**albacetal = „COCOH", Acetal= „COCOC"

Das erscheint zwar furchtbar kompliziert, prägt man sich aber dazu die jeweiligen Abbildungen ein, lassen sich diese Strukturelemente sicherlich auch bei anderen Verbindungen mit Leichtigkeit erkennen.
Cyclische Halbacetale spielen bei den Zuckern eine große Rolle, da die biochemisch relevanten Monosaccharide in wässriger Lösung zum Großteil als Halbacetal vorliegen (s. 4.2.1, S. 48).

2.7.3 Schiff-Basen (Imine)

Da auch schon nach der Reaktion zwischen Aldehyden/Ketonen und Aminen gefragt wur-

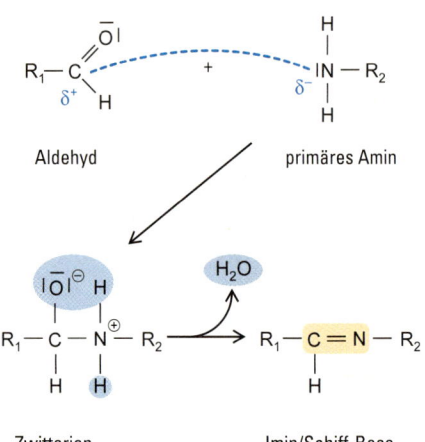

Reagiert ein Keton anstelle des Aldehyds, einfach das H des Aldehyds durch einen weiteren Rest R ersetzen.

Abb. 39: Reaktionsmechanismus Aldehyd und primäres Amin

medi-learn.de/6-ch2-39

de, hier ein paar erläuternde Worte zu diesem Thema:
Dadurch, dass das Carbonyl-C-Atom positiv polarisiert ist, gibt es leicht ein H⁺ ab und ist der ideale Angriffspunkt für freie Elektronenpaare (negative Ladungen). Reagiert nun ein Aldehyd oder ein Keton mit einem primären Amin, so bindet zunächst das freie Elektronenpaar des N-Atoms des Amins an das C-Atom der durch die C=O-Doppelbindung polarisierten Carbonylgruppe des Aldehyds/Ketons (nukleophile Addition). Das so entstandene Zwitterion ist instabil und reagiert in einigen Schritten unter Wasserabspaltung (Dehydratisierung) weiter zu einem Imin (Schiff-Base), das du am Strukturmerkmal C=N erkennen solltest. Schiff-Basen spielen in der Biochemie bei Transaminierungen und der Kollagensynthese eine wichtige Rolle.

2.7.4 Aldolkondensation

Wie schon bei der Keto-Enol-Tautomerie beschrieben, ist die C-H-Bindung am α-C-Atom stärker acide als bei normalen C-Atomen. Folglich gibt auch das Acetaldehyd (Ethanal) leicht ein H⁺-Ion ab.

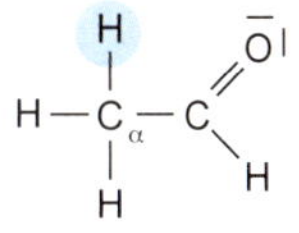

Abb. 40: Acetaldehyd = Ethanal

medi-learn.de/6-ch2-40

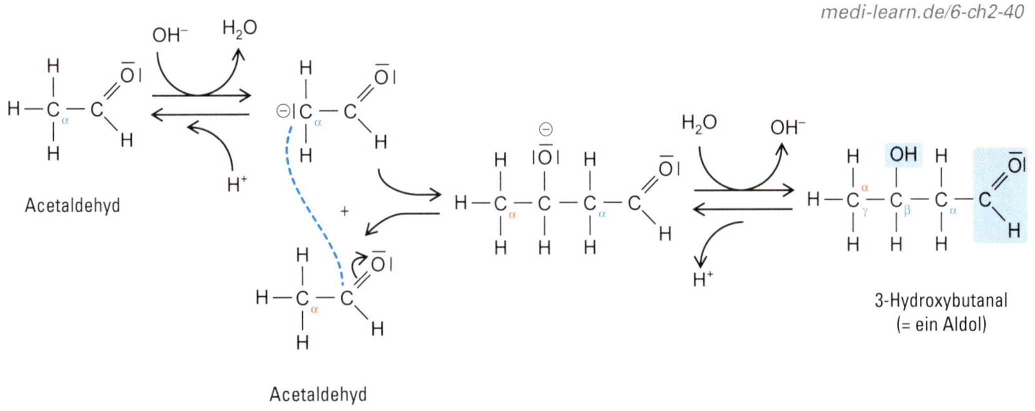

Abb. 41: Aldoladdition (basenkatalysiert)

medi-learn.de/6-ch2-41

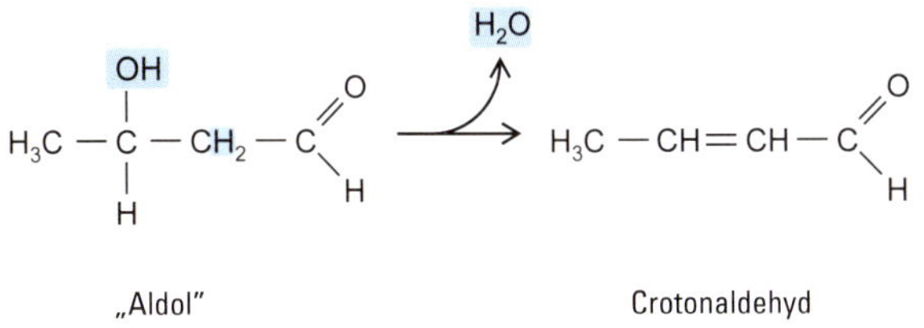

Abb. 42: Aldolkondensation

medi-learn.de/6-ch2-42

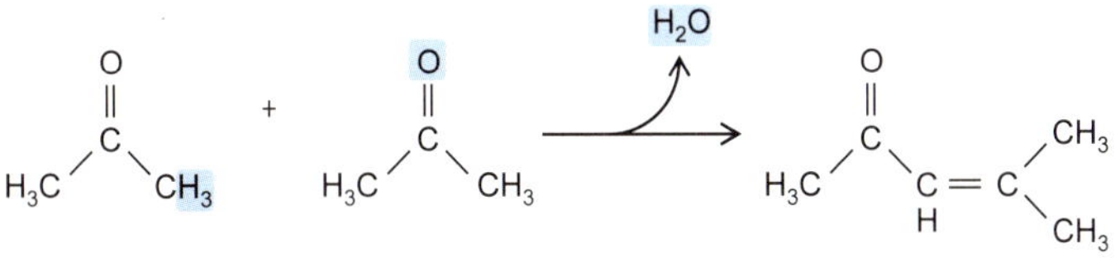

Abb. 43: Aceton-Aldolkondensation

medi-learn.de/6-ch2-43

2 Erkennen ist alles – Funktionelle Gruppen und Strukturelemente

An diesem Molekül stellen wir euch die **Aldolkondensation** vor. Diese Reaktion findet in alkalischer Lösung statt, wobei zunächst das α-C-Atom ein H^+ an ein OH^- der Lösung abgibt. Dadurch entstehen Wasser und ein Anion, das mit seinem freien Elektronenpaar als Nukleophil ein weiteres Acetaldehyd angreift. Durch Wiederaufnahme eines H^+ aus der Lösung entsteht schließlich ein **Aldol**.

Die Bezeichnung **Aldol** weist auf das **Ald**ehyd = „**Ald-**" und die Alkoholgruppe = „**-ol**" (s. Abb. 41, S. 21) hin.

Aldole sind nicht stabil. Sie werden durch Hitze oder Ansäuern dehydratisiert, wodurch eine C=C-Doppelbindung entsteht, die zur C=O-Doppelbindung der Carbonylgruppe konjugiert ist. Erst dadurch ist die Aldokondensation (Kondensation = Abspaltung von Wasser) abgeschlossen (s. Abb. 42, S. 21).

Diese Reaktion kann auch mit Ketonen ablaufen. Beispielsweise entsteht aus zwei Molekülen Aceton dadurch das folgende Aldol (s. Abb. 43, S. 21).

In der Biochemie ist die Aldokondensation eine wichtige Reaktion, da sie eine Möglichkeit darstellt, C-Ketten zu verlängern. Ein Beispiel, das ab und zu im Physikum gefragt wird, ist der enzymkatalysierte Aufbau von Fructose aus Glycerinaldehyd- und Dihydroxyacetonderivaten. Im Allgemeinen solltest du fürs Physikum in der Lage sein, anhand eines Kondensationsprodukts dessen Edukte zu erkennen (z. B. das Aceton, s. Abb. 43, S. 21).

2.8 Carbonsäuren

Eine Carbonsäure ist durch die funktionelle Carboxylgruppe gekennzeichnet.

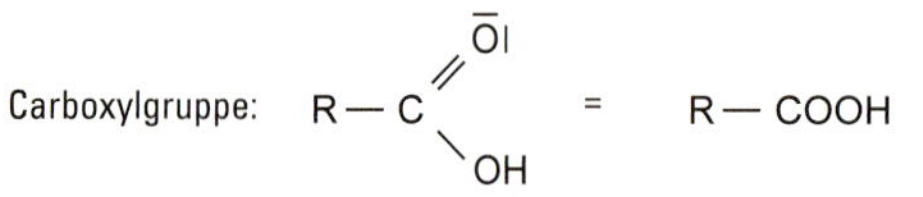

Carboxylgruppe: R—COOH = R—COOH

Summenformel

Abb. 44: Carboxylgruppe *medi-learn.de/6-ch2-44*

Die OH-Gruppe ist hier keine eigenständige Hydroxylgruppe, sondern Bestandteil der Carboxylgruppe, die andere Eigenschaften hat.

2.8.1 Wichtige Vertreter der Carbonsäuren

Die prüfungsrelevanten Homologen der Monocarbonsäuren und ihre Anionen sind:
– die **Ameisensäure** (ein C), Anion = Formiat,

Ameisensäure   Formiat

Abb. 45: Ameisensäure *medi-learn.de/6-ch2-45*

– die **Essigsäure** (2 C), Anion = Acetat,

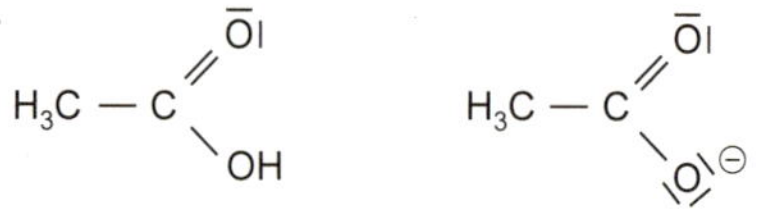

Essigsäure   Acetat

Abb. 46: Essigsäure *medi-learn.de/6-ch2-46*

– die **Propionsäure** (3 C), Anion = Propionat,

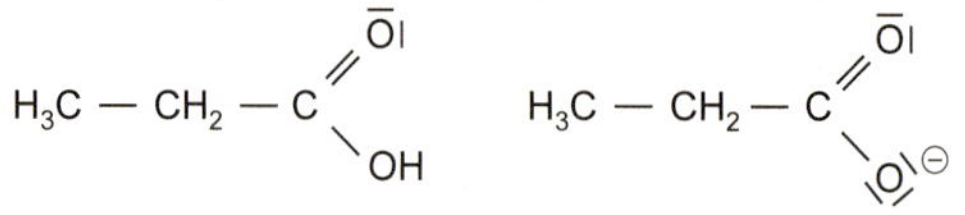

Propionsäure   Propinat

Abb. 47: Propionsäure *medi-learn.de/6-ch2-47*

– die **Buttersäure** (4 C), Anion = Butyrat,

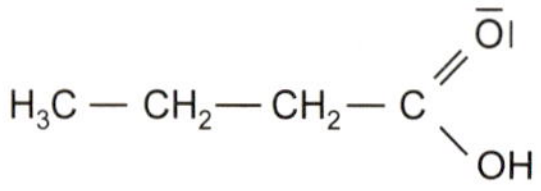

Buttersäure

Abb. 48: Buttersäure *medi-learn.de/6-ch2-48*

2.8.1 Wichtige Vertreter der Carbonsäuren

- die **Palmitinsäure** (16 C), Anion = Palmitat,

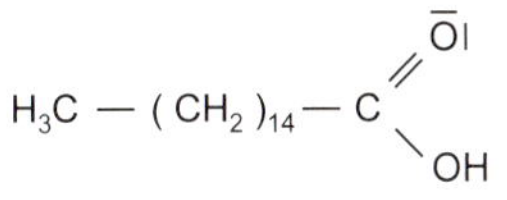

$$H_3C-(CH_2)_{14}-C\begin{smallmatrix}\bar{O}|\\\\OH\end{smallmatrix}$$

Palmitinsäure C_{16}

Abb. 49: **Palmitinsäure (C_{16})**   medi-learn.de/6-ch2-49

- die **Stearinsäure** (18 C), Anion = Stearat.

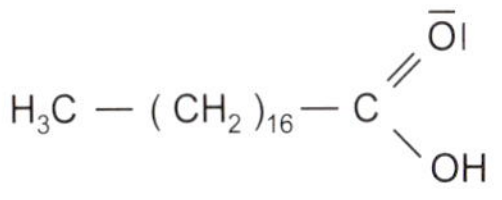

$$H_3C-(CH_2)_{16}-C\begin{smallmatrix}\bar{O}|\\\\OH\end{smallmatrix}$$

Stearinsäure C_{18}

Abb. 50: **Stearinsäure (C_{18})**   medi-learn.de/6-ch2-50

Die längeren Carbonsäuren (ab vier C) nennt man auch **Fettsäuren** (s. 4.3, S. 54). Die C-Atome werden – beginnend mit dem C der Carboxylgruppe – mit 1,2,3 usw. durchnummeriert oder – beginnend mit dem C-Atom **neben** der Carboxylgruppe – als **α-C-Atom, β-C-Atom** usw. bezeichnet.

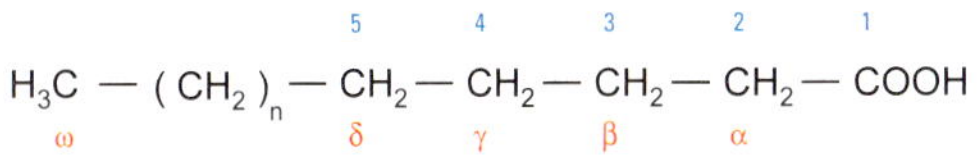

$$\underset{\omega}{H_3C}-(CH_2)_n-\underset{\delta}{\overset{5}{CH_2}}-\underset{\gamma}{\overset{4}{CH_2}}-\underset{\beta}{\overset{3}{CH_2}}-\underset{\alpha}{\overset{2}{CH_2}}-\overset{1}{COOH}$$

Abb. 51: **Bezifferung Carbonsäuren**
medi-learn.de/6-ch2-51

Hängt nun an einem C-Atom eine weitere funktionelle Gruppe, so fließt deren Name in die Bezeichnung der Carbonsäure mit ein. Beispiele hierfür sind:
- die α-Aminocarbonsäuren,
- die β-Ketocarbonsäuren oder
- die γ-Hydroxycarbonsäuren.

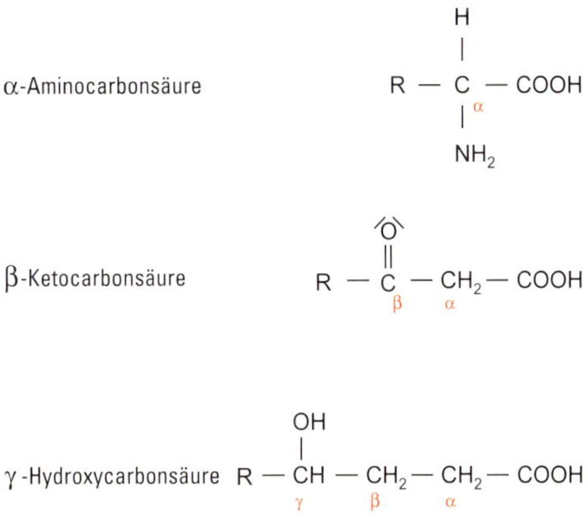

α-Aminocarbonsäure

$$R-\underset{NH_2}{\overset{H}{\underset{|}{\overset{|}{C}}}}\underset{\alpha}{-}COOH$$

β-Ketocarbonsäure

$$R-\underset{\beta}{\overset{O}{\overset{\|}{C}}}-\underset{\alpha}{CH_2}-COOH$$

γ-Hydroxycarbonsäure

$$R-\underset{\gamma}{\overset{OH}{\overset{|}{CH}}}-\underset{\beta}{CH_2}-\underset{\alpha}{CH_2}-COOH$$

Abb. 52: **α-Aminocarbonsäure, β-Ketocarbonsäure, γ-Hydroxycarbonsäure**
medi-learn.de/6-ch2-52

Außerdem gibt es Carbonsäuren mit **zwei oder drei Carboxylgruppen**, die man passenderweise **Dicarbonsäuren, Tricarbonsäuren** usw. nennt. Die gern gefragte **Oxalsäure** ist die einfachste Dicarbonsäure. Sie hat KEINE C=C-Doppelbindung, ist NICHT ringförmig und weist auch KEINE Cis-Trans-Isomerie auf.

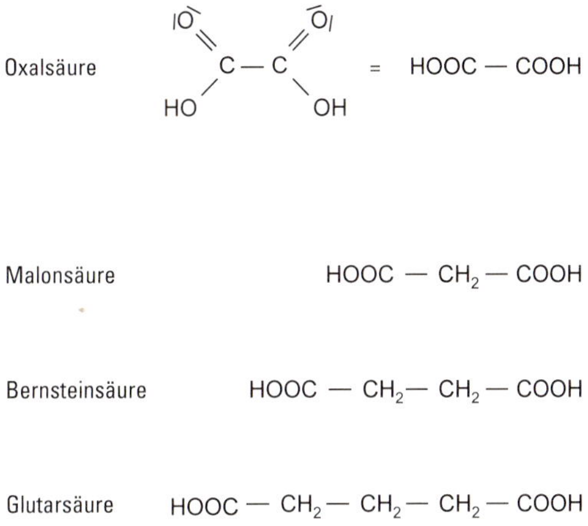

Oxalsäure
$$\underset{HO}{\overset{|\bar{O}}{\overset{\|}{C}}}-\underset{OH}{\overset{\bar{O}|}{\overset{\|}{C}}} = HOOC-COOH$$

Malonsäure $HOOC-CH_2-COOH$

Bernsteinsäure $HOOC-CH_2-CH_2-COOH$

Glutarsäure $HOOC-CH_2-CH_2-CH_2-COOH$

Abb. 53: **Dicarbonsäuren**   medi-learn.de/6-ch2-53

2 Erkennen ist alles – Funktionelle Gruppen und Strukturelemente

Übrigens ...
Hier wird im Physikum gerne mal eine Falle gestellt: Achtung, Bernsteinsäure hat KEIN β-C-Atom, weil beide C-Atome, die nicht zur Carboxylgruppe gehören, jeweils zu einer Carboxylgruppe α-ständig sind.

Dehydriert man die Bernsteinsäure an den beiden mittleren C-Atomen, entsteht eine Doppelbindung und somit zwei Cis-Trans-Isomere:
- die **Maleinsäure** und
- die **Fumarsäure**.

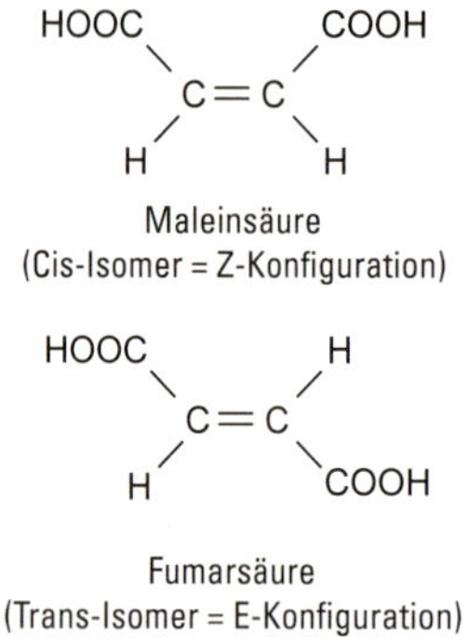

Maleinsäure (Cis-Isomer = Z-Konfiguration)

Fumarsäure (Trans-Isomer = E-Konfiguration)

Abb. 54: Maleinsäure, Fumarsäure

medi-learn.de/6-ch2-54

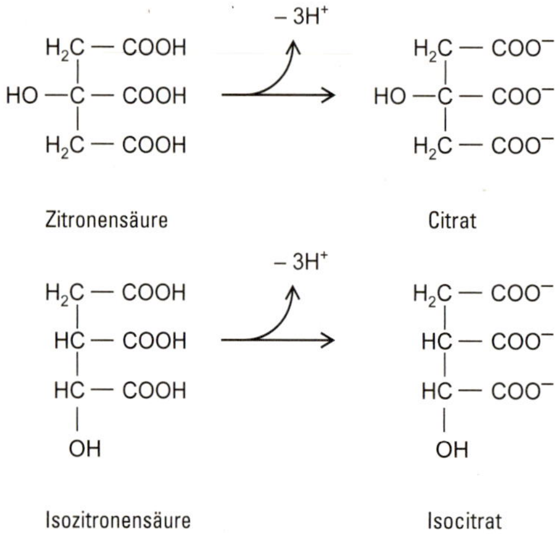

Zitronensäure → Citrat (− 3H⁺)

Isozitronensäure → Isocitrat (− 3H⁺)

Abb. 55: Zitronensäure, Isocitrat

medi-learn.de/6-ch2-55

Und nun das Wichtigste zu den **Tricarbonsäuren**: Unbedingt kennen solltest du die **Zitronensäure** mit ihrem Anion, dem **Citrat**, und die **Isozitronensäure** mit ihrem Anion, dem **Isocitrat**. Eine wichtige Besonderheit dieser Tricarbonsäuren ist ihre zusätzliche funktionelle Gruppe, die OH-Gruppe. Daher sind sie sowohl Tricarbonsäuren als auch Hydroxycarbonsäuren.

Weitere Carbonsäuren, die du dir fürs Physikum merken solltest, sind:
- die Monocarbonsäure/α-Hydroxycarbonsäure **Milchsäure**, Anion = **Laktat**

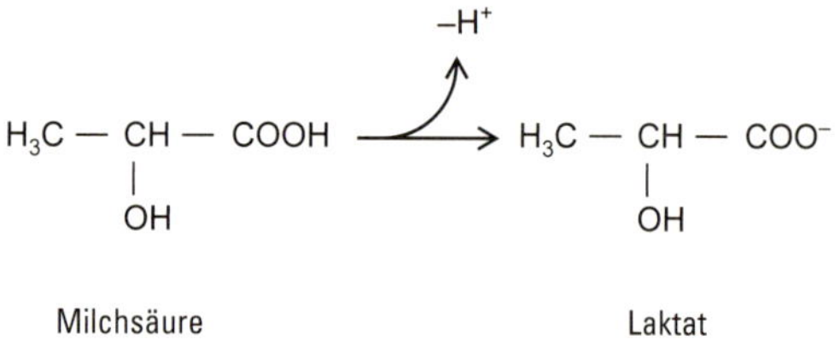

Milchsäure → Laktat (−H⁺)

Abb. 56: Milchsäure *medi-learn.de/6-ch2-56*

- die Dicarbonsäure/α-Hydroxycarbonsäure **Äpfelsäure**, Anion = **Malat**

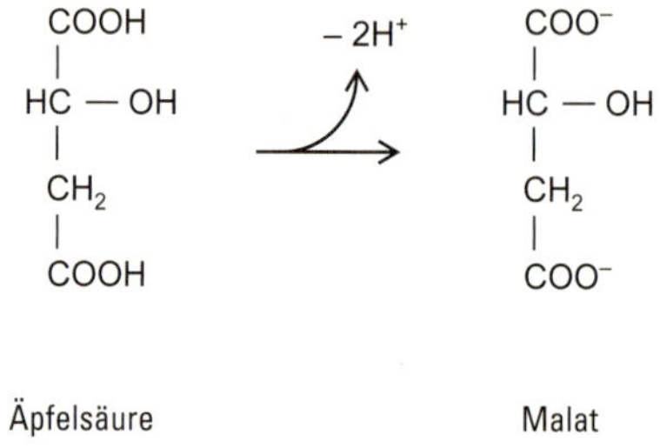

Äpfelsäure → Malat (− 2H⁺)

Abb. 57: Äpfelsäure *medi-learn.de/6-ch2-57*

- die Dicarbonsäure/α-Ketocarbonsäure Oxalessigsäure, die bei Dehydrierung der Hydroxygruppe von Äpfelsäure entsteht und deren Anion das **Oxalacetat** ist.

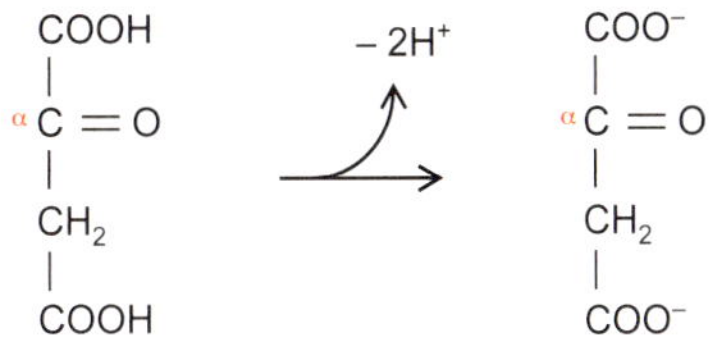

2.8.2 Eigenschaften der Carbonsäuren

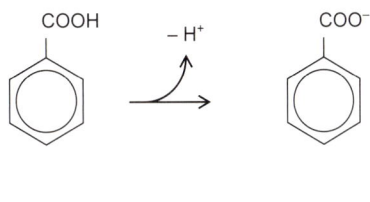

Oxalessigsäure → Oxalacetat ($-2H^+$)

Abb. 58: Oxalacetat — medi-learn.de/6-ch2-58

- die Ketocarbonsäure **Brenztraubensäure**, Anion = **Pyruvat**

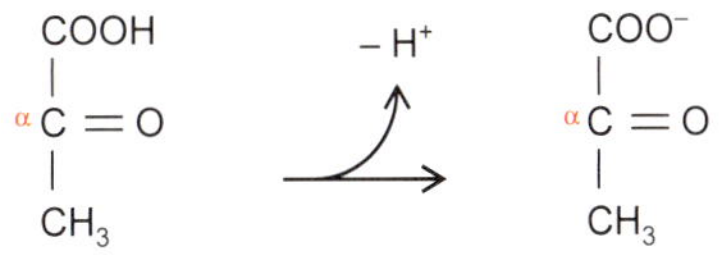

Brenztraubensäure → Pyruvat ($-H^+$)

Abb. 59: Pyruvat — medi-learn.de/6-ch2-59

- die aromatische Monocarbonsäure **Benzoesäure**, Anion = Benzoat

Benzoesäure → Benzoat ($-H^+$)

Abb. 60: Benzoesäure — medi-learn.de/6-ch2-60

2.8.2 Eigenschaften der Carbonsäuren

Wie alle mehrprotonigen Säuren besitzen auch die Dicarbonsäuren verschiedene pK_s-Werte, weil ihre Protonen stufenweise abgegeben werden. Das erste Proton wird dabei leichter abgegeben als das zweite und bei Tricarbonsäuren das zweite leichter als das dritte.
Daher gilt:

> **Merke!**
>
> $pK_{S1} < pK_{S2} < pK_{S3}$

Hier noch einmal zur Erinnerung aus der Anorganik: Je kleiner der pK_S-Wert, desto leichter dissoziiert eine Säure. Ein gern gefragtes Beispiel ist auch die Chloressigsäure. Da ihr pK_S-Wert kleiner ist als der der Essigsäure, dissoziiert Chloressigsäure stärker als Essigsäure in Wasser.

In wässriger Lösung reagieren Carbonsäuren mit Basen zu Salzen (Säure-Base-Reaktion, s. Skript Chemie 1). Daher können Carbonsäuren auch mit Aminen (Amine sind basisch) reagieren, was dann zur Entstehung von Ammoniumsalzen führt (s. 2.4, S. 14)

> **Übrigens ...**
> Solltest du in der Prüfung eine Carboxylgruppe in einem Molekül finden, so suchst du nach COOH, ist nach einer Carboxylatgruppe gefragt, musst du nach COO⁻ („-at" = Endung des Salzes/Anions einer Säure) schauen.

Bei der Titration mit einer Base zeigen Carbonsäuren so viele Pufferbereiche, wie sie Carboxylgruppen haben, also Dicarbonsäuren zwei, Tricarbonsäuren drei usw.
Die Salze langkettiger Carbonsäuren, also der Fettsäuren (Seifen), haben aufgrund ihres lipophilen und gleichzeitig hydrophilen Charakters besondere Eigenschaften, wie z. B., dass sie kleine Fettteilchen mit ihrem lipophilen Ende einkreisen, ihr hydrophiles Ende dabei nach außen richten und so diese Fettteilchen für Wasser angreifbar machen/sie in Wasser lösen. Diesen Vorgang nennt man Mizellenbildung, was eine große Rolle in der Biochemie, z. B. bei der Fettverdauung, spielt (s. Skript Biochemie 7).
Eine weitere, für die Biochemie relevante Reaktion der Carbonsäuren ist die **Decarboxylierung**.

2 Erkennen ist alles – Funktionelle Gruppen und Strukturelemente

Hierbei wird die **Carboxyl**gruppe unter Abgabe von CO_2 aus einer Carbonsäure entfernt.

Beispiel
– Aus einer Ketocarbonsäure entsteht so ein Aldehyd

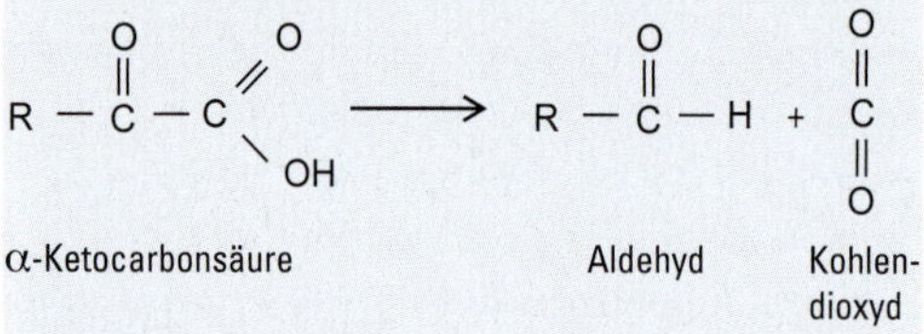

$$R-\overset{O}{\underset{\|}{C}}-\overset{O}{\underset{\|}{C}}\diagdown_{OH} \longrightarrow R-\overset{O}{\underset{\|}{C}}-H + \overset{O}{\underset{\|}{\underset{\|}{C}}}\diagup$$

α-Ketocarbonsäure   Aldehyd   Kohlendioxyd

Abb. 61: Decarboxylierung   medi-learn.de/6-ch2-61

– Aus einer Amino(carbon)säure entsteht ein biogenes Amin (s. Abb. 100, S. 46).

2.9 Carbonsäurederivate

Aus den Carbonsäuren können sich verschiedene Abkömmlinge bilden, die man Derivate der Carbonsäuren nennt. Sie unterscheiden sich sowohl in ihren chemischen als auch in ihren physikalischen Eigenschaften von den entsprechenden Carbonsäuren.

2.9.1 Ester

Die entscheidende funktionelle Gruppe der Ester ist die Estergruppe, die du unbedingt erkennen solltest.

$$R_1-\overset{O}{\underset{\|}{C}}\diagdown_{O-R_2}$$

Estergruppe

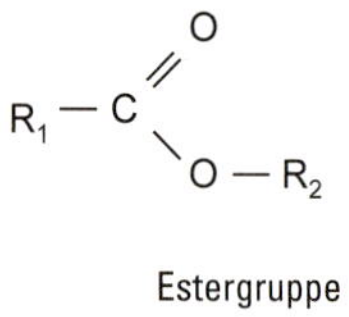

Abb. 62: Estergruppe   medi-learn.de/6-ch2-62

Ester bilden sich aus Carbonsäuren und Alkoholen. Die Reaktion läuft langsam ab, kann säurekatalysiert aber beschleunigt werden (s. Abb. 65, S. 27).

Zwischen beiden Seiten bildet sich ein Gleichgewicht aus, d. h., dass die Reaktion in Anwesenheit von Säure auch andersherum vom Ester zu Säure und Alkohol verläuft. Dies nennt man dann **Esterhydrolyse**. Sie ist in saurem Milieu **reversibel**. Man kann die Esterhydrolyse auch basenkatalysiert ablaufen lassen, d. h. in alkalischem Milieu. Diese alkalische Esterhydrolyse ist aber **irreversibel** (s. Abb. 65, S. 27).

Merke!

– Die **saure Esterhydrolyse** ist reversibel, d. h., dass sich ein Gleichgewicht zwischen Esterbildung und Esterhydrolyse einstellt. Das H^+-Ion fungiert hier als Katalysator.
– Die **alkalische Esterhydrolyse** ist irreversibel. Das OH^--Ion ist hier der Reaktionspartner und KEIN Katalysator.

Übrigens ...
– Als **Lacton** (s. Abb. 63, S. 26) bezeichnet man einen intramolekularen Ester einer Hydroxycarbonsäure (s. Abb. 52, S. 23). Ein klinisch relevantes Beispiel ist das Antibiotikum Erythromycin. 
– Auch **Phosphorsäure** kann mit Alkoholen Ester bilden: Man unterscheidet Mono-, Di- und Triester der Phosphorsäure. Diester bedeutet, dass an **einer** Säure **zwei OR**-Gruppen hängen und NICHT, dass sich irgendwo in einer großen Verbindung zwei Estergruppen befinden. Ein prüfungsrelevantes Beispiel hierfür ist der intrazelluläre Botenstoff cAMP (s. Abb. 123, S. 58).

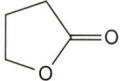

Abb. 63: Lacton   medi-learn.de/6-ch2-63

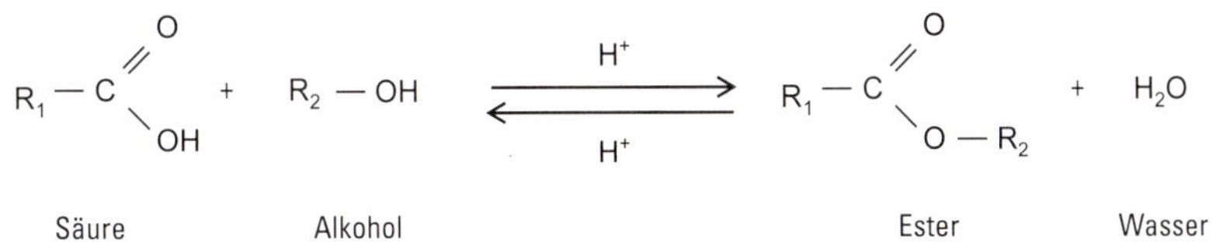

2.9.2 Carbonsäureamide

Abb. 64: Esterbildung/saure Esterhydrolyse
medi-learn.de/6-ch2-64

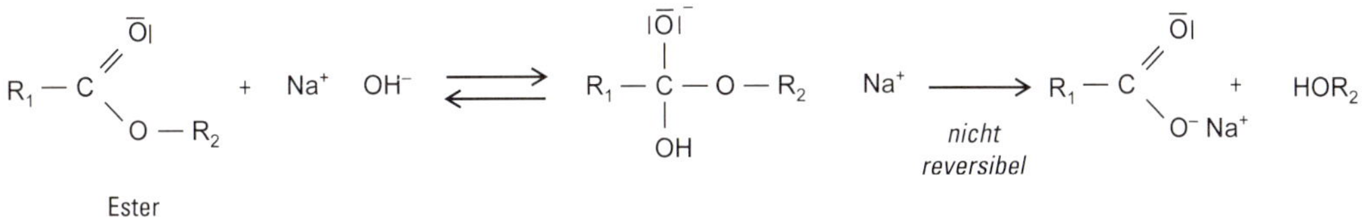

Abb. 65: Alkalische Esterhydrolyse
medi-learn.de/6-ch2-65

2.9.2 Carbonsäureamide

Bei den Carbonsäureamiden ist die OH-Gruppe aus der Carboxylgruppe durch NH_2 ersetzt:

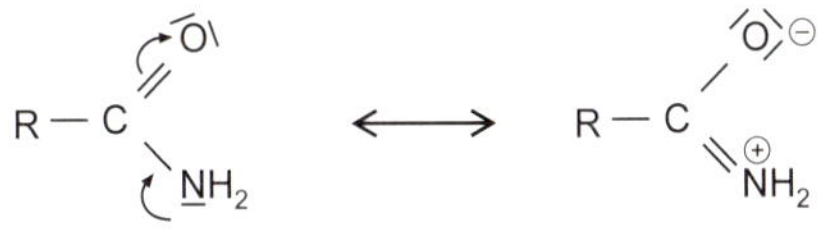

Abb. 66: Carbonsäureamid (mesomeriestabilisiert)
medi-learn.de/6-ch2-66

Allerdings bilden sich Carbonsäureamide nicht direkt aus Carbonsäuren. (Carbonsäuren reagieren mit Ammoniak/Aminen zu quartären Ammoniumsalzen, s. 2.4, S. 14). Zur Bildung von Carbonsäureamiden muss man von reaktiveren Derivaten der Carbonsäure ausgehen, wie Carbonsäurechloriden oder -anhydriden.

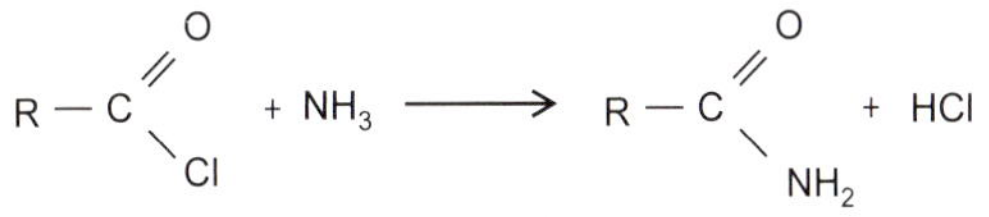

Abb. 67: Bildung Carbonsäureamide
medi-learn.de/6-ch2-67

Das freie Elektronenpaar am Stickstoff der Carbonsäureamide kann kein H^+ aufnehmen (nicht als Base reagieren), da die π Elektronen delokalisiert sind (s. Abb. 66, S. 27).

> **Merke!**
> Amide reagieren NICHT basisch.

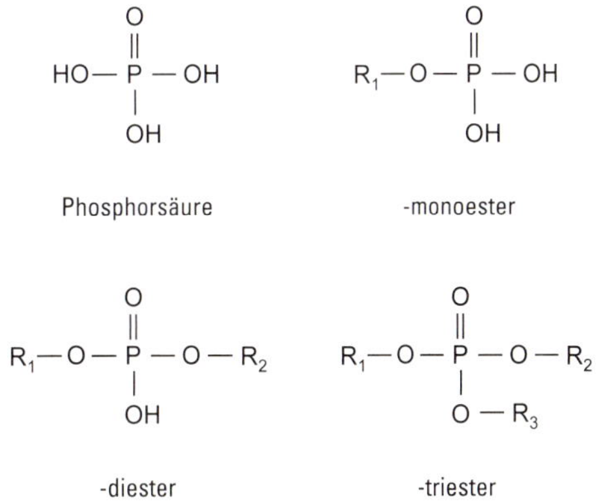

Abb. 68: Phosphorsäureester *medi-learn.de/6-ch2-68*

Verwendet man statt Ammoniak primäre oder sekundäre Amine, so entstehen Carbonsäureamide, die am N substituiert sind. Man sagt dann, dass der Rest des Amins über eine **Säureamidbindung** verbunden ist.

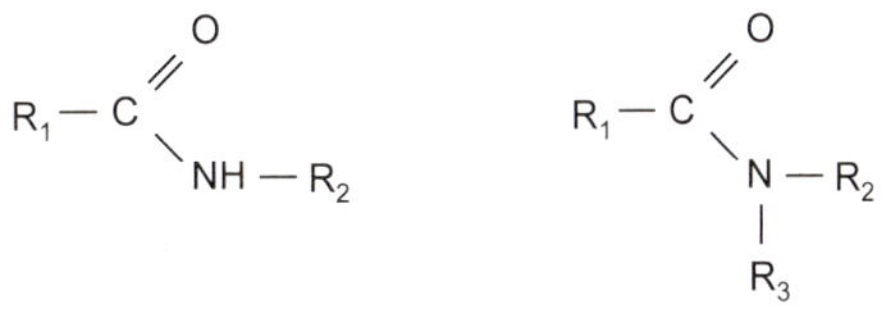

Abb. 69: Säureamidbindung mit primärem und sekundärem Amin

medi-learn.de/6-ch2-69

2 Erkennen ist alles – Funktionelle Gruppen und Strukturelemente

Übrigens ...
- Auch andere Säuren können Amide bilden (z. B. Sulfonsäure) und auch hier wird die OH-Gruppe des Säurerests durch NH_2 ersetzt.
- Zyklische Amide heißen Lactame, der β-Lactamring (die Amidgruppe hängt am β-C-Atom) ist der entscheidende Baustein einiger Antibiotika, wie z. B. des Penicillins.

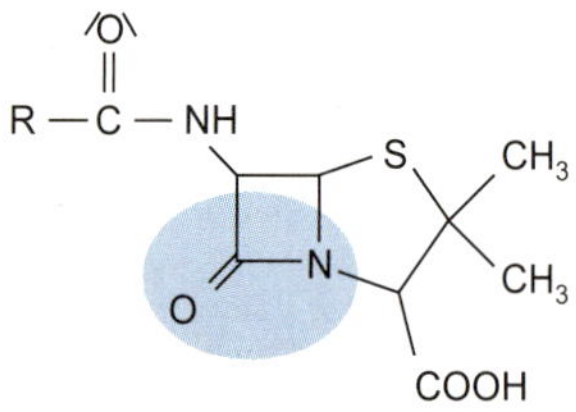

Abb. 70: Penicillin-Grundstruktur

medi-learn.de/6-ch2-70

2.9.3 Säureanhydride

Carbonsäureanhydride entstehen aus zwei Carbonsäuren unter Abspaltung von Wasser. (s. Abb. 71, S. 28).

Genau wie die Carbonsäuren können auch Phosphorsäure und Schwefelsäure Anhydride bilden. Phosphorsäureanhydride spielen in der Biochemie eine wichtige Rolle. Das wichtigste Beispiel ist das Adenosintriphosphat (ATP), das seine Energie in den Phosphosäureanhydridbindungen speichert.

Merke!

Säureanhydride sind energiereiche Verbindungen.

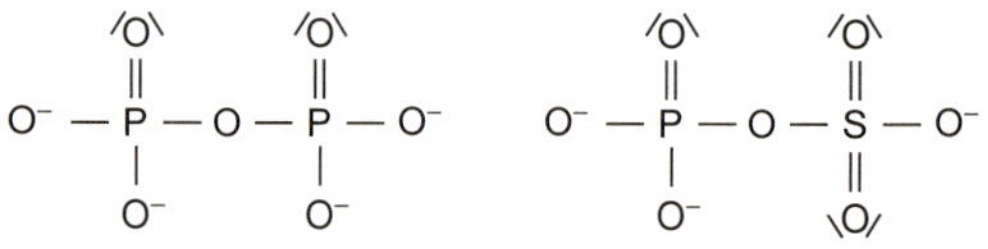

Abb. 72: Phosphorsäureanhydrid und Phosphor-Schwefelsäureanhydrid

medi-learn.de/6-ch2-72

Anhydride können sowohl aus zwei Molekülen der gleichen Säure entstehen als auch aus zwei verschiedenen Säuren, wobei sich gemischte Säureanhydride bilden wie z. B. das 1,3-Bisphosphoglycerat aus der Glykolyse.

Da man im Examen oft Anhydride erkennen muss, kommt hier alles noch einmal ganz genau:
- Suche zuerst nach einem O, das zwischen zwei C (oder bei der Phosphorsäure zwischen einem C und einem P/ zwischen zwei P) steht,
- haben beide Atome, mit denen das O verbunden ist, jeweils eine Doppelbindung zu jeweils einem weiteren O, so hast du ein Anhydrid gefunden. Das kann durchaus auch in einem Ring versteckt sein (zyklische Anhydride).

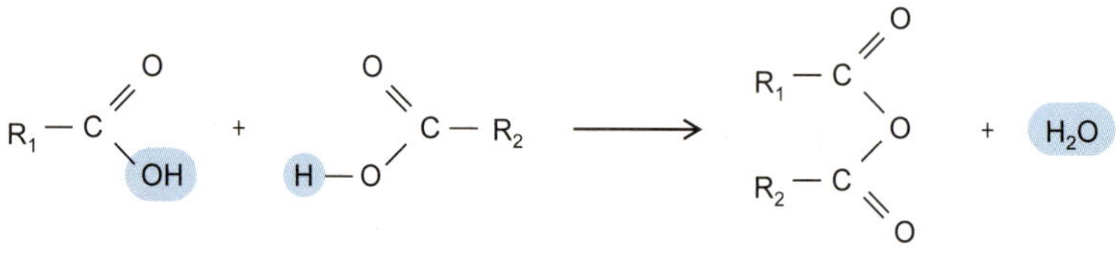

Abb. 71: Carbonsäureanhydrid

medi-learn.de/6-ch2-71

- **Konstitutionsisomere**
  - versch. Bind.verhältn
  → unterschiedl. funkt. Gruppen
  → fkt. Gruppen an verschied. Positionen

- **Stereoisomere (optisch)**

  Sessel/Wannenform **Konformationsisom.** (Dreh. um Einfachbind. = Sessel/Wannen form) \ gl. Bind.muster

  - **Konfigurationsisomere**
    - cis/trans
      ⊘ Rotat. mgl.
      C=C-Doppelbind.

→

1

Enantiomere
- Spiegelbild / Bild
- chiral

↓

Diastereomere
<u>nicht</u> wie Bild u. Spiegelbild

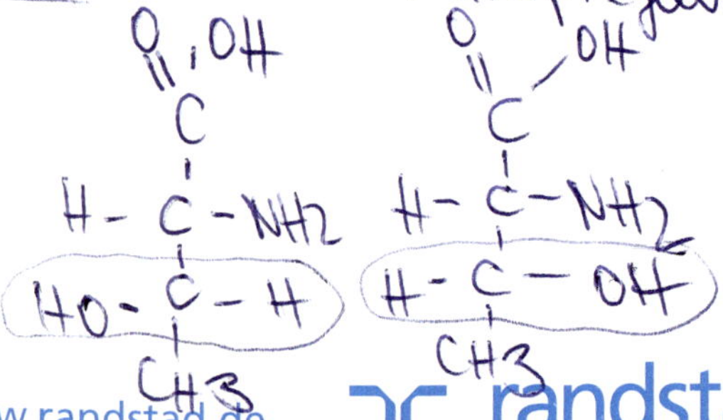

$$\begin{array}{cc}
\text{O, OH} & \text{O, OH} \\
\diagdown\!\!\diagup & \diagdown\!\!\diagup \\
C & C \\
| & | \\
H-C-NH_2 & H-C-NH_2 \\
| & | \\
\boxed{HO-C-H} & \boxed{H-C-OH} \\
| & | \\
CH_3 & CH_3
\end{array}$$

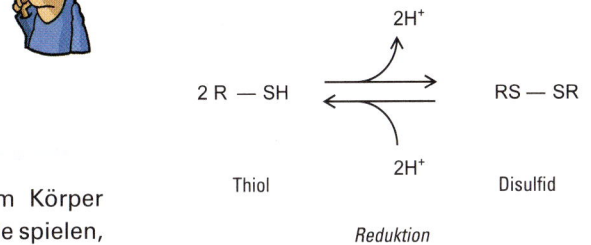

2.10 Schwefelverbindungen

Abb. 73: Anhydrid, Ester, Ether

medi-learn.de/6-ch2-73

- Hat nur eines der beiden Atome, zwischen denen das O steht, eine Doppelbindung zu Sauerstoff, handelt es sich um einen Ester (s. 2.9.1, S. 26),
- gibt es keine Doppelbindung zu Sauerstoff sondern zwei Einfachbindungen zu weiteren **C**s oder **H**s, ist die Verbindung ein Ether (s. 2.6, S. 17).

Übrigens ...
Oft wird nach Säureanhydriden im Zusammenhang mit Nukleinsäuren gefragt (s. 4.4, S. 56): Merke dir daher, dass Nukleinsäuren KEINE energiereichen Säureanhydridbindungen enthalten. **Das Phosphat der Nukleinsäuren ist über Esterbindungen mit dem Zucker verbunden.**

2.10 Schwefelverbindungen

Da auch Schwefelverbindungen im Körper eine nicht zu vernachlässigende Rolle spielen, wollen wir hier kurz auf die wichtigsten Grundlagen zu diesem Thema eingehen.
Entsprechend dem Wasser, den Alkoholen und den Ethern gibt es auch **Schwefelwasserstoff**, **Thioalkohole** und **Thioether**. Die Thioalkohole nennt man auch **Thiole** oder Mercaptane, die Thioether heißen auch **Sulfide**.

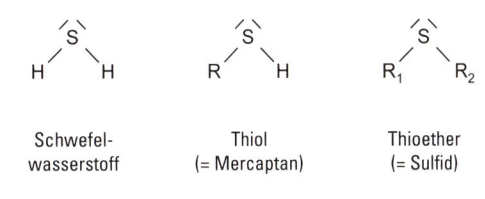

Abb. 74: Schwefelverbindungen

medi-learn.de/6-ch2-74

Die Thioalkohole sind weniger polarisiert als „normale" Alkohole (Hydroxyalkohole), sie bilden daher auch schwächere Wasserstoffbrückenbindungen aus und sieden somit leichter. Genau wie Alkohole können auch Thiole **oxidiert** werden. Hierbei entsteht ein **Disulfid**.

$$2\ R-SH \underset{2H^+}{\overset{2H^+}{\rightleftharpoons}} RS-SR$$

Oxidation / Reduktion
Thiol / Disulfid

Abb. 75: Disulfid

medi-learn.de/6-ch2-75

Diese Disulfidbindung ist entscheidend für die Biochemie, denn viele Peptide/Proteine enthalten SH-Gruppen (Thiole). So können sich innerhalb einer Aminosäurekette oder zwischen zwei Aminosäureketten **Disulfidbrücken** ausbilden, die die Raumgestalt der Proteine stabilisieren und für deren Funktion essenziell sind.

2 Erkennen ist alles – Funktionelle Gruppen und Strukturelemente

Genau wie Alkohole können auch Thiole mit Carbonsäuren Ester bilden, die man dann **Thioester** nennt.

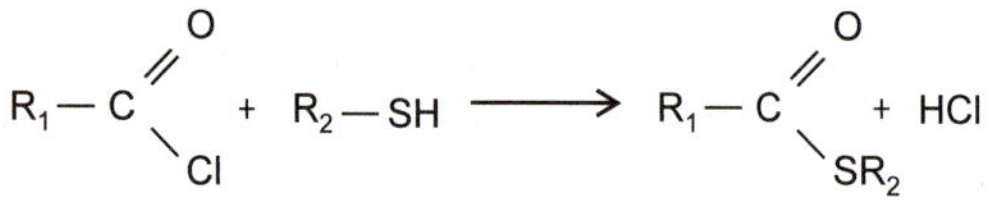

$$R_1-C(=O)Cl + R_2-SH \longrightarrow R_1-C(=O)SR_2 + HCl$$

Abb. 76: Thioester *medi-learn.de/6-ch2-76*

Übrigens ...
In der Biochemie spielen Thioester als energiereiche Verbindungen eine wichtige Rolle, z. B. Acetyl-CoA (aktivierte Essigsäure).

Daneben gibt es auch cyklische schwefelhaltige Verbindungen, wie z. B. den Heterozyklus Thiazol (s. Tab. 2, S. 14 und Abb. 79, S. 32). Er findet sich u. a. in Vitamin B_1 und dem Sulfonamid Sulfathiazol.

An schwefelhaltigen Säuren solltest du die Schwefelsäure (H_2SO_4, s. Skript Chemie 1) und die allgemeine Formel der Sulfonsäuren (R–SO_3H) kennen. Sowohl biochemisch als auch prüfungsrelevant ist, dass die Gallensäure Taurocholsäure eine Sulfonsäuregruppe enthält.

DAS BRINGT PUNKTE

Hier sind wir am Ende des größten Kapitels der physikumsrelevanten Organik. Das, was in der gesamten Chemie am meisten Punkte bringt, ist das **Erkennen** der hier vorgestellten **funktionellen Gruppen** und **Strukturelemente** in größeren, meist polyfunktionellen Verbindungen (s. Abb. 77, S. 31).

Die häufigste Frage der letzten zehn Jahre in der organischen Chemie war: „Handelt es sich bei der Verbindung um einen sekundären Alkohol?" Fast genauso oft mussten **primäre, sekundäre und tertiäre Aminogruppen** in größeren Verbindungen erkannt werden. Daher solltest du – um erfolgreich Punkte zu sammeln – unbedingt das hier wissen:

- Bei Alkoholen schaut man sich am besten das C an, an dem die OH-Gruppe hängt und fragt sich, **mit wie vielen weiteren C-Atomen** dieses verbunden ist.
  - Ist es mit einem weiteren C-Atom verbunden, so handelt es sich um einen **primären** Alkohol,
  - bei zwei weiteren C-Atomen ist es ein **sekundärer** Alkohol und
  - bei dreien ein **tertiärer** Alkohol.
- Ist nach einem **primären Amin** gefragt, sucht man ein **N** in einer Verbindung, das **mit einem C-** und **zwei H-Atomen verbunden** ist. (Achtung: Aminosäuren werden oft in Zwitteriondarstellung geschrieben. Dann befindet sich ein H mehr am N und es ist positiv geladen (s. Abb. 99, S. 45). Achte also besser auf die C-Atome am N.):
- Bei **sekundären Aminen** sucht man ein **N**, das mit **zwei C-** und **einem H-Atom verbunden** ist.
- Bei **tertiären Aminen** sucht man ein einzelnes **N**, das **KEIN H**-Atom trägt, aber mit **drei C-Atomen verbunden** ist.
- Wird nach **quartären Ammoniumsalzen** gefragt, sucht man ein N mit positiver Ladung, das mit vier C-Atomen verbunden ist (s. Abb. 23, S. 15). Ein oft gefragtes Beispiel hierfür ist das Cholin.
- Den Abschluss bilden ein paar Übungen, damit du sicherer wirst im Erkennen der Gruppen in großen Verbindungen.

a primäres Amin
b Guanidin-Gruppe
c sekundäres Amin
d Säureamid
e Carboxylgruppe

Abb. 77: Folsäure

medi-learn.de/6-ch2-77

DAS BRINGT PUNKTE

Abb. 78: Pyridoxin

a phenolische Gruppe
b primärer Alkohol
c Pyridinring

medi-learn.de/6-ch2-78

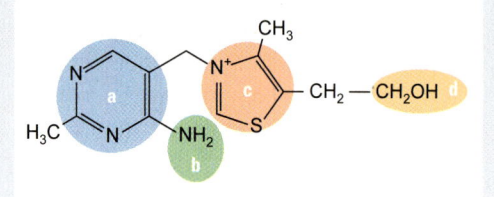

Abb. 79: Thiamin

a Pyrimidinring
b primäres Amin
c Thiazolring
d primärer Alkohol

medi-learn.de/6-ch2-79

FÜRS MÜNDLICHE

Wie schon in Kapitel 1 erwähnt, ist die Nomenklatur grundlegend, damit man in der mündlichen (Biochemie-) Prüfung nichts durcheinander bringt.
Zum Thema funktionelle Gruppen und Strukturelemente in größeren C-Körpern solltest du dir z. B. immer darüber im Klaren sein, von welchem C du sprichst und welches seine besonderen Eigenschaften sind.
Außerdem solltest du die hier vorgestellten Gruppen eigentlich alle erkennen, auf alle Fälle aber die **Alkohole, Aminogruppen** und **Esterbindungen**.

1. Bitte erklären Sie, was das C1-, C2- ... Atom, welches das α-C, β-C ... ist.

2. Erläutern Sie bitte, welche Struktur in einer Verbindung die Carbonylgruppe, Carboxylgruppe, Alkohol- oder Hydroxylgruppe ... ist.

3. Zeichnen Sie bitte eine Aminogruppe, einen Alkohol und eine Esterbindung.

4. Bitte zeichnen Sie folgende Carbonsäureanionen des Citratzyklus auf: Pyruvat, Citrat, Isocitrat, Fumarat, Malat

5. Worin unterscheiden sich Säureanhydrid- von Esterbindungen? Nennen Sie mir bitte eine biochemische Verbindung, in der diese beiden Bindungstypen vorkommen (s. 2.9.1, S. 26 und 2.9.2, S. 27).

6. Bitte erklären Sie, wie der Mensch C-Ketten aufbaut.

FÜRS MÜNDLICHE

1. Bitte erklären Sie, was das C1-, C2- ... Atom, welches das α-C, β-C ... ist.

Das Beziffern beginnt am höchst oxidierten C, meist oben/links, dann wird nach rechts/unten durchgezählt (s. Abb. 16, S. 12).
Bei den griechischen Buchstaben bezieht man sich immer auf eine funktionelle Gruppe. Das dieser Gruppe benachbarte C-Atom ist dann α-ständig, das daneben β-ständig usw. (s. Abb. 17, S. 12).

2. Erläutern Sie bitte, welche Struktur in einer Verbindung die Carbonylgruppe, Carboxylgruppe, Alkohol- oder Hydroxylgruppe ... ist.

Aldehyd   Keton

Abb. 80: Carbonylgruppe (s. 2.7, S. 18)

medi-learn.de/6-ch2-80

Carboxylgruppe: R—C(=O)OH = R—COOH

Summenformel

Abb. 81: Carboxylgruppe (s. 2.8, S. 22)

medi-learn.de/6-ch2-81

Alkohol/Hydroxylgruppe (s. 2.5, S. 15, s. Abb. 24, S. 15)

3. Zeichnen Sie bitte eine Aminogruppe, einen Alkohol und eine Esterbindung.

primäres Amin   Alkohol   Ester

Abb. 82: Amin, Alkohol, Ester

medi-learn.de/6-ch2-82

4. Bitte zeichnen Sie folgende Carbonsäureanionen des Citratzyklus auf:

– Pyruvat, Citrat, Isocitrat, Fumarat, Malat (s. Abb. 83, S. 33)

Pyruvat:
COO^-
$\alpha C=O$
CH_3

Citrat:
H_2C-COO^-
$HO-C-COO^-$
H_2C-COO^-

Isocitrat:
H_2C-COO^-
$HC-COO^-$
$HO-HC-COO^-$

Fumarat:
$HC-COO^-$
$\parallel$
$^-OOC-CH$

Malat:
$HO-HC-COO^-$
H_2C-COO^-

Abb. 83: Carbonsäuren aus Citratzyklus

medi-learn.de/6-ch2-83

FÜRS MÜNDLICHE

5. Worin unterscheiden sich Säureanhydrid- von Esterbindungen? Nennen Sie mir bitte eine biochemische Verbindung, in der diese beiden Bindungstypen vorkommen (s. 2.9.1, S. 26 und 2.9.3, S. 28).

Eine Esterbindung ist eine Verbindung, die aus einer Säure und einem Alkohol entsteht, während ein Säureanhydrid aus der Verbindung zweier Säuren hervorgeht. Daraus ergeben sich Bindungsmuster wie in Abb. 83 zu sehen.

Ein Beispiel aus der Biochemie ist die Verbindung ATP (ein Nukleosidtriphosphat).

Das direkt mit dem Zucker verbundene Phosphat verfügt hier über eine Esterbindung, die beiden anderen Phosphorsäuren sind über energiereiche Anhydridbindungen miteinander verbunden.

6. Bitte erklären Sie, wie der Mensch C-Ketten aufbaut.

Durch Kettenverlängerung mit Hilfe der Aldolkondensation, z. B. enzymatisch bei der Fettsäuresynthese (s. Skript Biochemie 7).

$$R_1-COOH + R_2-OH \longrightarrow R_1-C(=O)-OR_2 \quad +H_2O$$
Säure — Alkohol — Ester

$$R_1-COOH + R_2-COOH \longrightarrow R_1-C(=O)-O-C(=O)-R_2 \quad +H_2O$$
Säure — Säure — Säureanhydrid

Abb. 84: Ester- und Säureanhybridbindung

medi-learn.de/6-ch2-84

Pause

Kurze Pause!

Wissen, das in keinem Lehrplan steht:

- Wo beantrage ich eine **Gratis-Mitgliedschaft** für den **MEDI-LEARN Club**?

- Wo bestelle ich kostenlos **Famulatur-Länderinfos** und das **MEDI-LEARN Biochemie-Poster**?

- Wann macht eine **Studienfinanzierung** Sinn? Wo gibt es ein **gebührenfreies Girokonto**?

- Warum brauche ich schon während des Studiums eine **zahnarztspezifische Haftpflichtversicherung**?

Lassen Sie sich beraten!

Nähere Informationen und unseren Repräsentanten vor Ort finden Sie im Internet unter www.aerzte-finanz.de

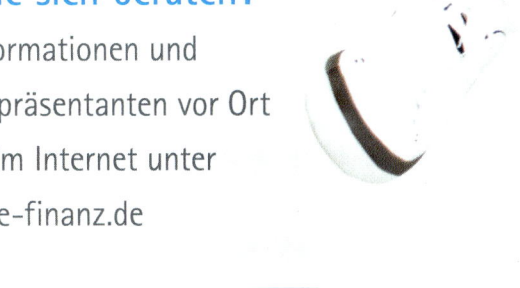

Deutsche Ärzte Finanz

Standesgemäße Finanz- und Wirtschaftsberatung

3 Grundlegende Begriffe der Stereochemie – Arten der Isomerie

Fragen in den letzten 10 Examen: 7

Im vorangegangenen Kapitel tauchten schon einige Formen der Isomerie auf (s. 1.2.2, S. 3). In diesem Abschnitt kommen wir auf diese alten Bekannten noch einmal zurück und stellen dir die noch Fehlenden vor.
Nimm dir für dieses Thema ruhig etwas Zeit. Es ist nicht schwierig, aber die hier vorgestellten Begriffe sollten dir klar sein, da sie immer wieder gefragt werden.

3.1 Konstitutionsisomere (Strukturisomere)

Konstitutionsisomere sind Verbindungen mit **gleicher Summenformel aber verschiedenem Bindungsmuster**, z. B. Ethanol und Dimethylether.

Summenformel C_2H_6O

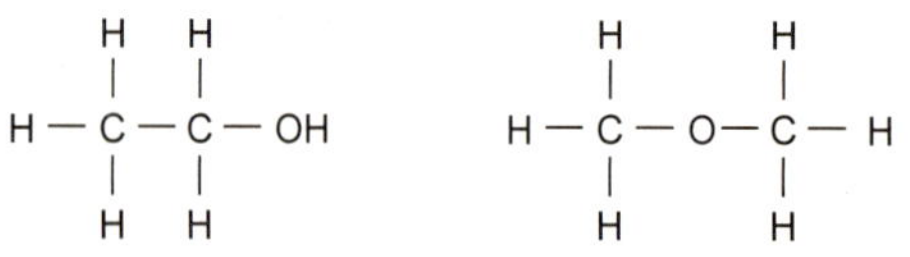

Ethanol

Dimethylether

Abb. 85: Ethanol, Dimethylether

medi-learn.de/6-ch2-85

> **Merke!**
>
> **Struktur**isomere unterscheiden sich in der **Struktur**formel; ihre Summenformel ist gleich.

In der Biochemie spielt die Konstitutionsisomerie eine wichtige Rolle, z. B. in der Glykolyse. Dort werden die Konstitutionsisomere Glucose-6-Phosphat und Fructose-6-Phosphat durch Isomerisierung ineinander überführt.

3.2 Stereoisomerie (optische Isomerie)

Isomere, die zwar das gleiche Bindungsmuster (Struktur) haben, aber räumlich unterschiedlich angeordnet sind, nennt man **Stereoisomere**.
Einige können durch Rotation um C-C-Einfachbindungen einfach ineinander überführt werden. Dieses Phänomen kennt ihr bereits vom Cyclohexan (s. 1.2.3, Abb. 7, S. 4). Es gibt also das Molekül in einer Sessel- und einer Wannenform. Solche Stereoisomere heißen **Konformationsisomere** oder **Konformere**.
Die Stereoisomere, die sich nicht durch Rotation um C-C-Einfachbindungen ineinander überführen lassen, heißen **Konfigurationsisomere**. Dazu gehört die schon besprochene Cis-Trans-Isomerie an C=C-Doppelbindungen (s. 1.2.4, S. 5), sowie die Isomerien an Chiralitätszentren.
Um diese weiteren Formen der Konfigurationsisomerie zu verstehen, muss man sich zunächst klarmachen, was Chiralität ist.

3.2.1 Chiralitätszentrum (Asymmetriezentrum, stereogenes Zentrum)

Das Besondere an Spiegelbildern ist, dass sie sich nicht zur Deckung bringen lassen, d. h., egal wie man sie (in einer Ebene) dreht, sie passen nicht aufeinander. Dies kannst du an deinen eigenen Händen nachvollziehen: Halte deine Hände so, dass deine Handflächen zu dir gewandt sind. Man sieht jetzt, dass die beiden Hände **spiegelsymmetrisch** zueinander sind. Versuchst du jetzt aber die Hände übereinander zu legen, ohne die Handflächen wegzudrehen, dann siehst du, dass sie nicht übereinander passen. Daher kommt auch der Ausdruck für diese Eigenschaft: **Chiralität**, das bedeutet Händigkeit (von griech. cheir Hand).
Da die chemischen Moleküle wie unsere Hände dreidimensional sind, gibt es hier bestimmte

3.2.1 Chiralitätszentrum (Asymmetriezentrum, stereogenes Zentrum)

Verbindungen, die zwar die gleiche Strukturformel haben, aber eben zueinander spiegelsymmetrisch und daher nicht identisch sind.
Diese besondere Art der Stereoisomerie nennt man **Enantiomerie** und ihre Vertreter **Enantiomere**. Ein Beispiel hierfür ist die Milchsäure, von der zwei Enantiomere existieren:

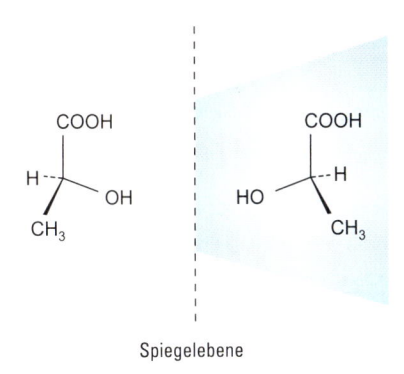

Abb. 86: Milchsäure – Enantiomere

medi-learn.de/6-ch2-86

Das C-Atom, das **vier verschiedene** Substituenten trägt, ist die Voraussetzung für die Spiegelbildlichkeit einer Verbindung. Man bezeichnet es als **Asymmetriezentrum, stereogenes Zentrum** oder **Chiralitätszentrum**.
Verbindungen, die ein solches Asymmetriezentrum haben, nennt man chiral, findet sich kein Chiralitätszentrum, ist die Verbindung achiral. (Zum Erkennen der Chiralitätszentren s. „Das bringt Punkte", S. 41).
Zu den weiteren Charakteristika der Enantiomere gehört, dass sie sich unterscheiden in
- ihrer Affinität zu Enzymen → **Enzyme setzen häufig nur eines der beiden Enantiomere um** und
- ihrer spezifischen Drehung des polarisierten Lichts. Das Vorzeichen der Drehung steht vor dem Namen, z. B. (+)-Milchsäure und (−)-Milchsäure.

Vorsicht: Das Vorzeichen der Drehung ist unterschiedlich, der Betrag aber gleich.
Ihre physikalischen Eigenschaften, wie Siede- und Schmelzpunkt, unterscheiden sich jedoch NICHT.

Um an einer Formel sehen zu können, um welche enantiomere Form es sich handelt, hat man eine bestimmte Schreibweise entwickelt, die dies möglich macht, aber dennoch zweidimensional darstellbar ist: Die **Fischer-Projektion**.
Hierbei wird die längste C-Kette senkrecht geschrieben, mit dem höchst oxidierten C-Atom oben. Um nun die verschiedenen Konfigurationen am Chiralitätszentrum zu unterscheiden, schreibt man die funktionelle Gruppe entweder links oder rechts von der Kette. Ausgehend vom Glycerinaldehyd hat man sich geeinigt, die beiden Formen als L- und D-Form zu bezeichnen:
- **D-Form**, wenn die funktionelle Gruppe (hier OH-Gruppe) nach rechts weist,
- **L-Form**, wenn sie nach links zeigt.

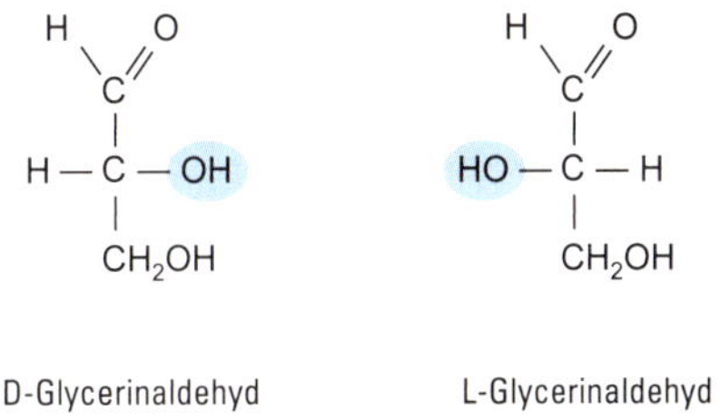

Abb. 87: D-/L-Glycerinaldehyd

medi-learn.de/6-ch2-87

Die Bezeichnung D- und L-Form gibt nicht die spezifische Drehung des polarisierten Lichtes (+ und −) an. Als Beispiel: D-Milchsäure ist linksdrehend (D-(−)-Milchsäure), während D-Glycerinaldehyd rechtsdrehend (D-(+)-Glycerinaldehyd) ist. 
Liegen D- und L-Form einer Substanz im Verhältnis 1 : 1 vor, nennt man dies ein racemisches Gemisch oder kurz: **Racemat**. Racemate sind optisch inaktiv, da 50 % der Enantiomere das polarisierte Licht nach rechts, die anderen 50 % nach links drehen, was sich gegenseitig aufhebt. 
In der Chemie hat sich die etwas kompliziertere R,S-Nomenklatur durchgesetzt, da sie aber

3 Grundlegende Begriffe der Stereochemie – Arten der Isomerie

fürs Physikum keine Rolle spielt, wollen wir nicht darauf eingehen.

In der Biochemie ist bei der Bezeichnung von Zuckern und Aminosäuren (s. 4, S. 43 ff) die D-/L-Nomenklatur auch heute noch gebräuchlich. Bei Zuckern betrachtet man die OH-Gruppe an dem Asymmetriezentrum, das am weitesten unten steht, bei Aminosäuren die oberste Aminogruppe für die Zuordnung zur D- oder L-Reihe.

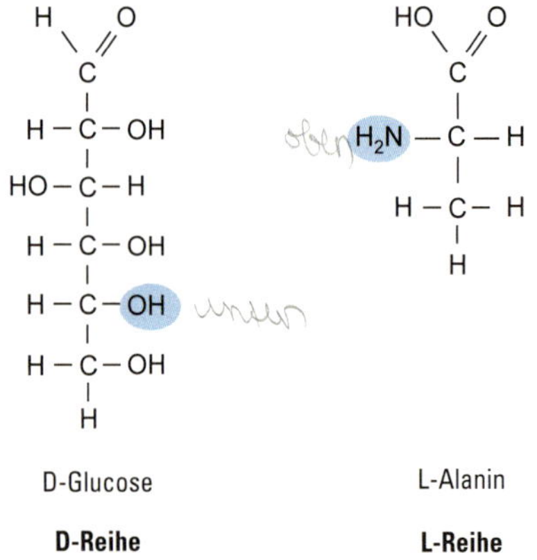

Abb. 88: D-/L-Reihe *medi-learn.de/6-ch2-88*

Merke!

- D- und L-Glucose sind Enantiomere, genau wie alle anderen chiralen Verbindungen, die den gleichen Namen haben, aber deren eine Form zur L- und deren andere zur D-Reihe gehört.
- Ein Racemat ist ein 1 : 1-Gemisch der beiden Enantiomeren einer Substanz und kann daher nur bei chiralen Verbindungen (Substanzen mit mind. einem asymmetrischen C-Atom) auftreten.

3.2.2 Verbindungen mit mehreren Chiralitätszentren

Besitzt ein Molekül mehrere Chiralitätszentren, gibt es auch mehr als nur zwei Konfigurationsisomere, weil die Konfiguration an allen asymmetrischen Zentren verschieden sein kann.

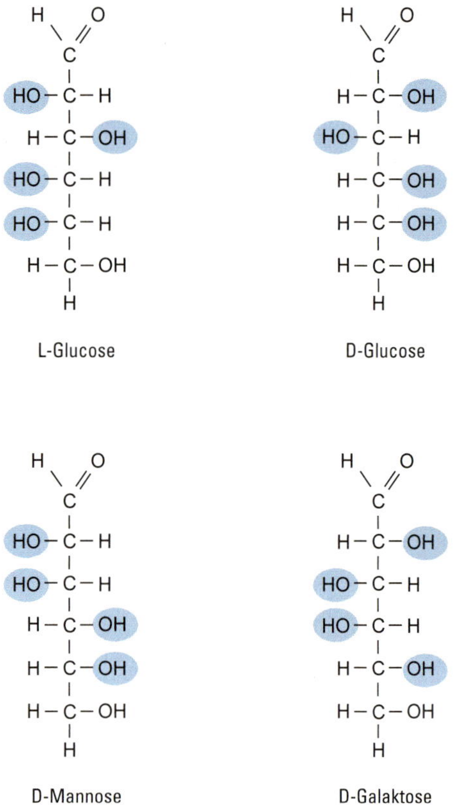

Abb. 89: Konfigurationen der Aldohexosen

medi-learn.de/6-ch2-89

Die hier abgebildeten Verbindungen sind alle Aldohexosen (s. 4.2.1, S. 48). Die schon bekannten Enantiomere D-Glucose und L-Glucose sind spiegelsymmetrisch.

Die Konfigurationsisomere, die NICHT spiegelsymmetrisch und damit auch KEINE Enantiomere sind, nennt man **Diastereomere**. Hier sind also D-Glucose, D-Mannose und D-Galaktose zueinander **diastereomer**.

Unterscheiden sich zwei Diastereomere nur durch die Konfiguration an einem einzigen stereogenen Zentrum, spricht man von **Epimeren**. Hier ist also die D-Glucose epimer zur D-Galaktose, da sich die beiden Moleküle ausschließlich am C4-Atom unterscheiden. D-Glucose ist aber auch epimer zur D-Mannose. Diese beiden unterscheiden sich nur am C2-Atom. D-Mannose und D-Galaktose sind dagegen

3.2.3 Meso-Form

zwar Diastereomere, aber KEINE Epimere, da sie sich sowohl am C2- als auch am C4-Atom voneinander unterscheiden.

Eine weitere Unterform der Diastereomere ergibt sich beim Ringschluss der Zucker (s. 4.2.1, S. 48). Aus dem ehemaligen Carbonyl-C-Atom entsteht ein neues Chiralitätszentrum. Weist die OH-Gruppe an diesem C nach unten, so ist dies die α-Form, weist sie nach oben, ist es die β-Form. Man bezeichnet diese besondere Art der Diastereomerie als **Anomerie** und die Moleküle als **Anomere**.

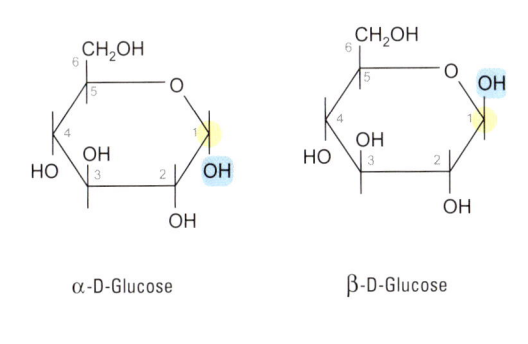

Weinsäure hat zwei Chiralitätszentren (C2 und C3). Folglich müssten von ihr daher vier Konfigurationsisomere existieren. Da aber beide Asymmetriezentren dieselben Substituenten tragen, kann man sich zusätzlich zur Spiegelachse neben dem Molekül auch noch eine Achse quer durch das Molekül denken. Somit sind zwei der vier denkbaren Konfigurationsisomere identisch. Diese bezeichnet man als Meso-Form.

> **Merke!**
>
> Die Meso-Weinsäure ist **achiral**.

Abb. 90: α- und β-Glucose *medi-learn.de/6-ch2-90*

● = anomeres Zentrum

3.2.3 Meso-Form

Einen Sonderfall gibt es bei den Konfigurationsisomeren der Weinsäure.

Abb. 91: Weinsäure *medi-learn.de/6-ch2-91*

Abb. 92: Die Konfigurationsisomere der Weinsäure *medi-learn.de/6-ch2-92*

3 Grundlegende Begriffe der Stereochemie – Arten der Isomerie

Verschiedene Arten der Isomerien

Isomere	Definition	Erläuterung
Konstitutionsisomere	Verbindungen mit gleicher Summen-, aber unterschiedlicher Strukturformel	Ethanol und Dimethylether (s. Abb. 85, S. 36)
Stereoisomere	Isomere, die zwar das gleiche Bindungsmuster haben, aber räumlich unterschiedlich angeordnet sind.	Unterformen: – Konformationsisomere – Konfigurationsisomere (und ihre Unterformen)
Konformationsisomere	Verbindungen, die durch Rotation um C-C-Einfachbindungen ineinander überführt werden können.	Beispiel: Sessel- und Wannenform
Konfigurationsisomere	Die Stereoisomere, die sich nicht durch Rotation um C-C-Einfachbindungen ineinander überführen lassen.	Unterformen: – Cis-Trans-Isomere – Enantiomere – Diastereomere (mit Unterformen)
Cis-Trans-Isomere	Geometrische Isomere, bei denen die Substituenten auf der gleichen oder auf gegenüberliegenden Seiten der Bindungsebene stehen (an Doppelbindungen und Ringen möglich).	**Merke:** Cis-Form wie das C: beide Substituenten auf der gleichen Seite der Doppelbindung. $\diagdown C = C \diagup$ = $\underset{cis}{C \| C}$
Enantiomere	Verbindungen mit mind. einem Chiralitätszentrum, die zueinander spiegelsymmetrisch sind.	D-Form und L-Form einer Verbindung sind Enantiomere (s. Abb. 86, S. 37).
Diastereomere	Verbindungen mit mind. zwei Chiralitätszentren, die sich in der Konfiguration unterscheiden und NICHT spiegelsymmetrisch sind.	Die Aldohexosen D-Glucose, D-Galaktose und D-Mannose sind Diastereomere (s. Abb. 89, S. 38).
Epimere	Epimere sind eine Sonderform der Diastereomere, bei der sich zwei Verbindungen nur in der Konfiguration an einem einzigen Chiralitätszentrum unterscheiden.	D-Glucose und D-Galaktose sind zueinander epimer (s. Abb. 89, S. 38).
Anomere	Eine Spezialform der Diastereomere beim Ringschluss der Zucker: zeigt die OH-Gruppe am C1 nach unten, ist es die α-Form, zeigt sie nach oben, ist es die β-Form.	α- und β-D-Glucose sind Anomere und damit eine Unterform der Diastereomere (s. Abb. 89, S. 38).

Tab. 3: Isomeriearten

DAS BRINGT PUNKTE

Bislang kam in so gut wie jedem Physikum mindestens eine Frage vor, bei der man erkennen musste, ob die **abgebildete Verbindung chiral** ist oder nicht. Deshalb:
- Willst du ein Asymmetriezentrum finden, dann suche nach einem C-Atom, das vier **verschiedene Bindungspartner hat**.
- Aber Vorsicht: Wenn es sich bei einem oder mehreren dieser Bindungspartner um ein C-Atom handelt, musst du die **gesamte weitere C-Kette** – also den gesamten organischen Rest (R) – als Bindungspartner betrachten. Das heißt, auch ein C-Atom, das mit vier weiteren C-Atomen verbunden ist, kann ein Chiralitätszentrum sein. Dies ist dann der Fall, wenn die daran hängenden Reste alle unterschiedlich sind. Um sicherzugehen, kannst du das noch einmal an der Zeichnung der Milchsäure (s. Abb. 86, S. 37) nachvollziehen. Ihr Chiralitätszentrum ist mit zwei C-Atomen verbunden: eines ist Teil der Carboxylgruppe, das andere Teil eines Alkylrests. Damit sind dies zwei verschiedene Substituenten und die Milchsäure ist chiral. Eine achirale Verbindung dagegen ist z. B. das Citrat.

Anhand dieser Aufgabe kannst du überprüfen, ob du in der Lage bist, chirale von achiralen Verbindungen zu unterscheiden: Welches der folgenden Moleküle kann in Form zweier Enantiomere auftreten?

Abb. 94: Achirale/chirale Verbindungen

medi-learn.de/6-ch2-94

Abb. 93: Citrat *medi-learn.de/6-ch2-93*

Und? Hast du die chirale Verbindung entdeckt? Es ist Substanz C, da sie als einzige über ein asymmetrisches C-Atom verfügt. (In den Substanzen A und E haben alle C-Atome nur drei Bindungspartner, da sie immer an einer Doppelbindung beteiligt sind. Die Substanzen B und D haben zwar vier Bindungspartner, allerdings sind je zwei Reste identisch.)

Weil im Physikum immer wieder von dir verlangt wird, verschiedene Arten der Isomerien zu erkennen, stehen sie in s. Tab. 3, S. 40 noch mal im Überblick.

FÜRS MÜNDLICHE

Die Isomeriearten sind so grundlegend, dass man sie auf alle Fälle verstanden haben muss, um sie in der Prüfung nicht miteinander zu verwechseln. Am besten schaust du dir daher Tab. 3, S. 40 mit den Definitionen noch mehrmals an und lernst sie auswendig.

1. Bitte erläutern Sie, was man unter Konformationsisomerie versteht. Bitte zeichnen Sie dazu ein Beispiel auf.

2. Erläutern Sie bitte, wie sich D- und L-Form eines Zuckers unterscheiden.

3. Erläutern Sie bitte, was Diastereomere sind und nennen Sie bitte ein Beispiel.

4. Erklären Sie bitte, was Epimere sind und nennen Sie bitte ein Beispiel.

---

1. Bitte erläutern Sie, was man unter Konformationsisomerie versteht. Bitte zeichnen Sie dazu ein Beispiel auf.
Isomere, die zwar das gleiche Bindungsmuster haben, aber räumlich unterschiedlich angeordnet sind (Stereoismerie) UND durch Rotation um C-C-Einfachbindungen ineinander überführt werden können. Beispiele sind Sessel- und Wannenform (s. Abb. 7, S. 4).

2. Erläutern Sie bitte, wie sich D- und L-Form eines Zuckers unterscheiden.
Es sind die Enantiomere (spiegelbildliche Verbindungen). Man betrachtet die OH-Gruppe am Chiralitätszentrum, das am weitesten von der Carbonylgruppe entfernt steht: steht sie links, ist es die L-Form, steht sie rechts, ist es die D-Form.

3. Erläutern Sie bitte, was Diastereomere sind und nennen Sie bitte ein Beispiel.
Diastereomere sind NICHT spiegelsymmetrische Verbindungen mit mindestens zwei Chiralitätszentren, die sich in der Konfiguration unterscheiden.
Glucose, Galaktose und Mannose sind diastereomer (solltest du auch zeichnen können, s. Abb. 89, S. 38).

4. Erklären Sie bitte, was Epimere sind und nennen Sie bitte ein Beispiel.
Epimere sind Diastereomere, bei denen sich zwei Verbindungen nur in der Konfiguration an einem einzigen Chiralitätszentrum unterscheiden: Glucose und Galaktose sind epimer zueinander (s. Abb. 89, S. 38).

Pause

Kurze Grinsepause &
dann auf zum letzten Kapitel!

4 Lebensgrundbausteine – Organik, die Grundlage der Biochemie

Fragen in den letzten 10 Examen: 20

Die Grenzen zwischen der organischen Chemie und der Biochemie sind fließend. Das folgende Kapitel überschneidet sich daher zum Großteil mit Themen der Biochemie, aber was du hier an Zeit investierst, sparst du später. Es folgt also eine Einführung in die Chemie der Zucker, Aminosäuren, Fette und Nukleinsäuren. Ausführlich werden diese Themengebiete in den jeweiligen Biochemieskripten behandelt.

4.1 Aminosäuren

Aminosäuren sind eigentlich Aminocarbonsäuren, d. h. Carbonsäuren, bei denen an der Alkylkette eine Aminogruppe substituiert ist. Unterschieden werden α-, β-, γ- usw. Aminocarbonsäuren, je nachdem, an welchem C-Atom die Aminogruppe hängt.
Uns Mediziner interessieren davon besonders die **α-Aminocarbonsäuren** oder eben kurz: die **Aminosäuren (AS)**.

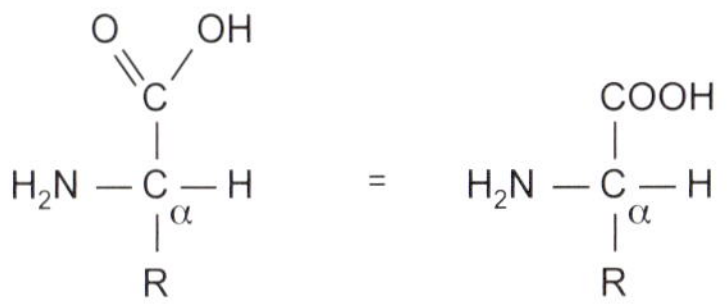

Abb. 95: Aminosäure Grundstruktur
medi-learn.de/6-ch2-95

Da das α-C-Atom ein Chiralitätszentrum (stereogenes Zentrum) ist, werden in der Fischerprojektion D- und L-Aminosäuren unterschieden: steht **die Aminogruppe am α-C-Atom** links, so ist es eine L-Aminosäure, steht sie rechts, ist es eine D-Aminosäure.

> **Übrigens ...**
> Die meisten in der Natur vorkommenden AS gehören zur L-Reihe.

Es gibt 20 Aminosäuren, die die Bausteine aller Proteine höherer Lebewesen sind. Man nennt sie daher proteinogene Aminosäuren. 
So unangenehm es auch sein mag, du musst diese 20 Aminosäuren erkennen, aufzeichnen können und wissen, welche basisch, welche sauer, welche schwefelhaltig usw. sind. Von den 20 proteinogenen Aminosäuren sind acht essenziell, das bedeutet, dass der Körper sie nicht selbst aufbauen kann.
Auf der nächsten Seite findest du alle 20 proteinogenen AS im Überblick.

> **Übrigens ...**
> – Die nicht-proteinogene Aminosäure Dihydroxyphenylalanin – besser bekannt unter dem Namen L-DOPA – wird im Körper aus Tyrosin hergestellt und als Medikament bei Morbus Parkinson verabreicht.

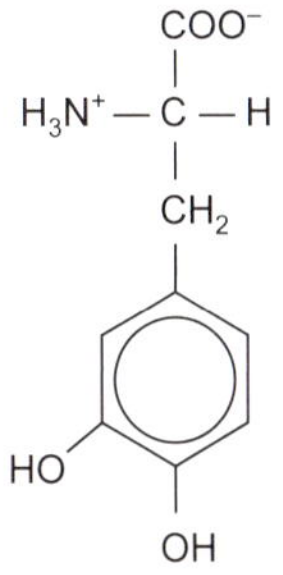

Abb. 96: Dihydroxyphenylalanin (L-DOPA)
medi-learn.de/6-ch2-96

> – Das Histidin enthält einen Imidazolring und damit – als einzige der proteinogenen Aminosäuren – einen Heterozyklus mit zwei Heteroatomen.

4 Lebensgrundbausteine – Organik, die Grundlage der Biochemie

6 neutrale Aminosäuren
* = essenzielle

Glycin (Gly), Alanin (Ala), Valin (Val)*

Leucin (Leu)*, Isoleucin (Ile)*, Prolin (Pro)

3 aromatische Aminosäuren
* = essenzielle

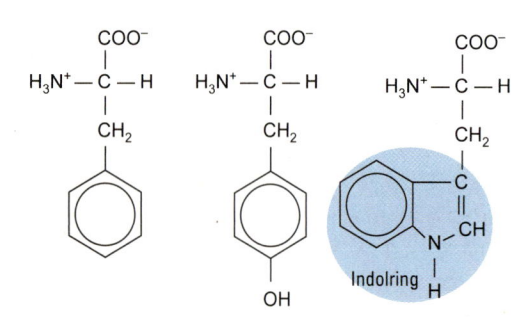

Phenylalanin (Phe)*, Tyrosin (Thr), Tryptophan (Trp)* — Indolring

2 Hydroxysäuren
* = essenzielle

Serin (Ser), Threonin (Thr)*

Abb. 97 a: Proteinogene Aminosäuren

medi-learn.de/6-ch2-97a

2 schwefelhaltige Aminosäuren
* = essenzielle

Cystein (Cys), Methionin (Met)*

2 saure Aminosäuren...

Asparaginsäure (Asp), Glutaminsäure (Glu)

...und ihre 2 Amide

Asparagin (Asn), Glutamin (Gln)

3 basische Aminosäuren
* = essenzielle

Arginin (Arg) — Guanidinogruppe, Lysin (Lys)*, Histidin (His) — Imidazolring

Abb. 97 b: Proteinogene Aminosäuren

medi-learn.de/6-ch2-97b

4.1.1 Isoelektrischer Punkt

> **Übrigens ...**
> Um ein Gemisch aus Aminosäuren zu trennen, kann man die Dünnschichtchromatographie verwenden. Hierbei laufen die Aminosäuren bei der Elektrophorese abhängig von ihrer Masse und ihrer Ladung unterschiedlich weit.

Häufig wird nach der Verbindung **Cystin** gefragt: Cystin entsteht bei der Reaktion von **zwei Molekülen Cystein** durch Ausbildung einer Disulfidbrücke. Dabei werden 2H abgespalten, es ist also eine **Dehydrierung** (s. Hydratisierung/Dehydratisierung, Hydrierung/Dehydrierung, S. 7 ff) und KEINE Dehydratisierung. Cystin enthält **KEINE** Peptidbindung (s. 4.1.4, S. 47).

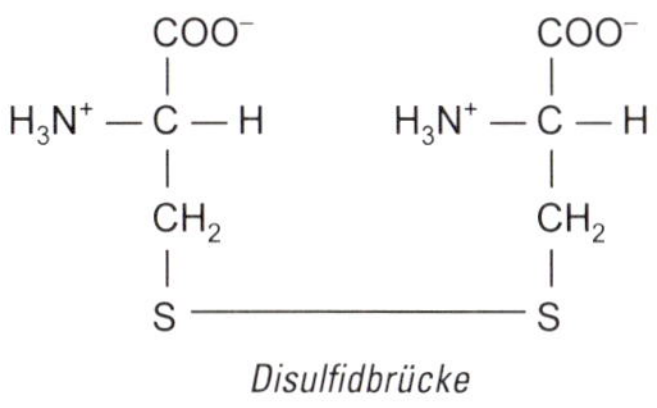

Abb. 98: Cystin

4.1.1 Isoelektrischer Punkt

Weil Aminosäuren sowohl eine saure Carboxylgruppe als auch eine basische Aminogruppe haben sind sie amphoter, d. h. sie reagieren **sowohl sauer als auch basisch**, je nach Umgebungsmilieu. Die Carboxylgruppe gibt in wässriger Lösung ein Proton ab, die Aminogruppe nimmt eines auf.

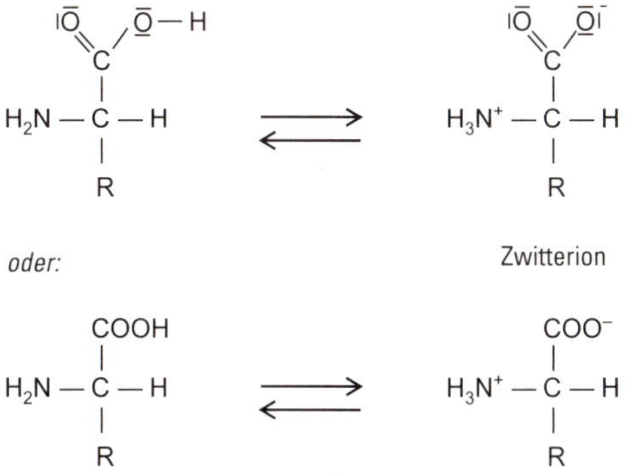

Abb. 99: Zwitterion

So entsteht ein Zwitterion, das mit der ungeladenen Form im Gleichgewicht steht.
Abhängig vom pH-Wert des umgebenden Milieus kann auch nur eine der beiden funktionellen Gruppen dissoziiert/assoziiert vorliegen:
– Im sauren Milieu nimmt nur die Aminogruppe ein Proton auf, die Carboxylgruppe kann ihres aber nicht abgeben. Folglich ist die Aminosäure positiv geladen.
– Im alkalischen Milieu verhält es sich genau umgekehrt. Die Carboxylgruppe gibt ihr Proton ab und die Aminosäure ist negativ geladen.

Der pH-Wert, bei dem die Nettoladung null ist (also entweder die ungeladene Form oder das Zwitterion vorliegt), heißt **isoelektrischer Punkt**. Er ist für jede Aminosäure eine charakteristische Konstante.

Berechnet wird der isoelektrische Punkt aus dem **arithmetischen Mittel der pK$_s$-Werte** der funktionellen Gruppen: $\frac{pK_{s1} + pK_{s2}}{2}$

Bei den neutralen AS ergeben sich daraus für den isoelektrischen Punkt Werte zwischen pH5 und 6,5.

Die sauren und die basischen Aminosäuren haben eine zusätzliche Carboxyl-/Aminogruppe, die berücksichtigt werden muss: Der isoelektrische Punkt einer sauren AS errechnet sich als arithmetisches Mittel der pK$_s$-Werte der beiden Säuregruppen (niedrige pK$_s$-Werte), der einer basischen AS als arithmetisches Mittel der pK$_s$-Werte der beiden basischen Gruppen (hohe pK$_s$-Werte).

So erklärt sich, dass der isoelektrische Punkt bei den sauren AS Glutaminsäure und Asparaginsäure im sauren Bereich, bei den basischen AS Arginin, Lysin und Histidin im alkalischen Bereich liegt. Die Polarität (also die positiven bzw. negativen Ladungen) der basischen und sauren AS im neutralen pH Bereich sorgen übrigens dafür, dass sie sich hydrophil verhalten und im elektrischen Feld wandern: bei pH 7
– sind die basischen AS positiv geladen und wandern daher zur negativen Elektrode (Kathode).

– sind die sauren AS negativ geladen und wandern daher zur positiven Elektrode (Anode).

4.1.2 Decarboxylierung

Eine wichtige Reaktion der Aminosäuren ist die Decarboxylierung. Formal handelt es sich dabei um eine Abspaltung von CO_2, die zum Verlust der Carboxylgruppe führt. Durch Decarboxylierung einer AS entsteht ihr **biogenes Amin**.

Abb. 100: Decarboxylierung medi-learn.de/6-ch2-100

Biogene Amine spielen vielfältige Rollen im menschlichen Körper, z. B. als Bestandteil von Phospholipiden (Ethanolamin), als Bestandteil von Coenzym A (Cysteamin), als Neurotransmitter (γ-Aminobuttersäure = GABA) oder als Mediator bei Entzündungsprozessen (Histamin). Hier stehen die Pärchen aus Aminosäure und biogenem Amin, die gerne gefragt werden:

Histidin → Histamin
Glutaminsäure → γ-Aminobuttersäure (GABA)
Serin → Ethanolamin
Aspartat → β-Alanin
L-Dopa → Dopamin

4.1.3 Transaminierung

Eine weitere wichtige Reaktion der Aminosäuren ist die Transaminierung. Formal wird hierbei die Aminogruppe einer Aminosäure mit dem Carbonyl-O der Ketogruppe einer α-Ketocarbonsäure vertauscht. So entsteht eine neue Aminosäure aus dem Grundgerüst der „Ex-Ketocabonsäure" und eine neue α-Ketocarbonsäure aus der „Ex-Aminosäure" (s. Abb. 101, S. 46). Die Reaktion wird durch Transaminasen (Enzyme) katalysiert und läuft nur mit Hilfe von Pyridoxalphosphat (Coenzym) ab.

Abb. 101: Transaminierung medi-learn.de/6-ch2-101

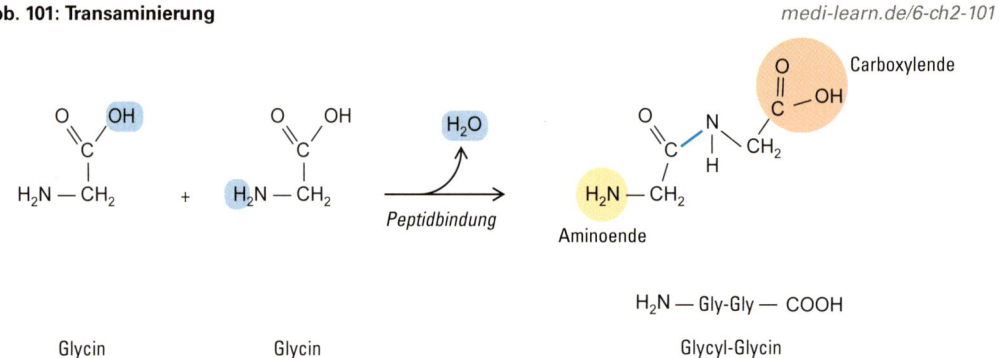

Abb. 102: Peptidbindung medi-learn.de/6-ch2-102

4.1.4 Peptide

Von einem Peptid spricht man, wenn Aminosäuren durch Peptidbindungen miteinander verbunden sind. Bei der Peptidbindung reagiert die Carboxylgruppe einer Aminosäure mit der Aminogruppe der anderen, wobei Wasser abgespalten wird und sich eine **Säureamidbindung – die Peptidbindung** – bildet (s. Abb. 102, S. 46). Der stark elektronegative, doppelt gebundene Sauerstoff ist der Grund dafür, dass die Peptidbindung **planar** ist. Er zieht drei Elektronenpaare zu sich, was zur Entstehung einer Doppelbindung (s. 1.1, S. 1) zwischen Kohlenstoff und Stickstoff führt.

Abb. 103: mesomere Grenzstrukturen einer Peptidbindung

medi-learn.de/6-ch2-103

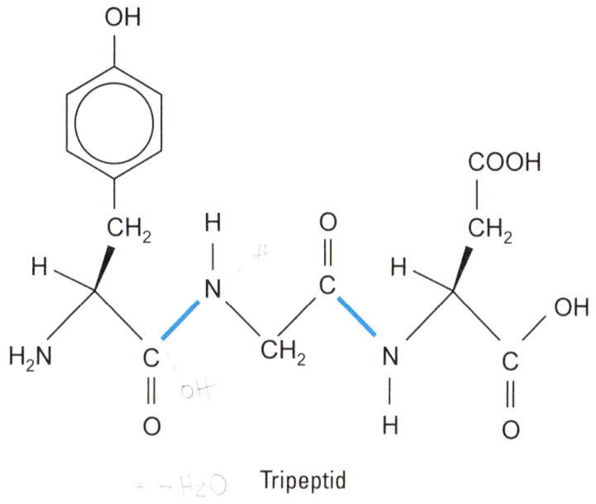

Abb. 104: Tripeptid

medi-learn.de/6-ch2-104

Achtung: Sind schwefelhaltige Aminosäuren über Disulfidbrücken verbunden, so ist dies **KEINE** Peptidbindung (s. Cystin, Abb. 98, S. 45).

Natürlich kann man Peptidbindungen auch wieder spalten. Diese Spaltung läuft als Hydrolyse ab, d. h. **unter Aufnahme von Wasser** (genau entgegengesetzt der Entstehung einer Peptidbindung, s. Abb. 102, S. 46).

Aminosäuren können so zu langen Ketten verknüpft werden, wobei eine Peptidkette immer ein Aminoende (N-Terminus) und ein Carboxylende (C-Terminus) hat. Je nachdem, welche Aminosäuren es enthält, reagiert ein Peptid neutral, basisch oder sauer.

Aus den Peptidketten bilden sich dann durch bestimmte Raumfaltung die Proteine.

> **Übrigens ...**
> Für die schriftliche Prüfung ist es wichtig, dass du in einer Peptidkette erkennst, welche Aminosäuren miteinander verbunden sind.

In Abb. 103 handelt es sich um ein Tripeptid mit zwei Peptidbindungen, dort wo die C=O-Doppelbindung der Carboxylgruppe mit der Aminogruppe der nächsten Aminosäure verbunden ist. Die Sequenz lautet Tyrosin – Glycin – Asparaginsäure.

Zur Hydrolyse eines Tripeptids sind daher zwei äquivalente Wasser notwendig, weil drei AS über zwei Peptidbindungen miteinander verbunden sind.

Längerkettige Peptide bilden die Proteine, die vielfältige Funktionen im Körper übernehmen (s. Biochemieskripte). Die Sequenz der AS eines Proteins nennt man Primärstruktur. Die Konformation, die die Primärstruktur einnimmt (z. B. α-Helix oder β-Faltblatt), nennt man Sekundärstruktur. Diese Sekundärstrukturen kommen typischerweise durch Wasserstoffbrücken zwischen Carbonyl- und Amid-Gruppen (CO- und NH-Gruppen) der Hauptkette zustande.

4.2 Kohlenhydrate

Die Gruppe der Kohlenhydrate umfasst die Naturstoffe der allgemeinen Summenformel $C_n(H_2O)_n$, also alle Mono-, Disaccharide und

Oligosaccharide (Zucker) plus die Polysaccharide wie Stärke, Cellulose und Glykogen. Erkennbar sind die meisten Kohlenhydrate an der Endsilbe „**-ose**".

4.2.1 Monosaccharide

Alle Monosaccharide bestehen aus einer C-Kette, bei der ein C-Atom Teil einer Aldehyd- oder einer Ketogruppe ist und alle anderen jeweils eine Hydroxylgruppe tragen. So unterscheidet man **Aldosen**, die eine **Aldehyd**gruppe tragen und **Ketosen**, die statt der Aldehydgruppe eine **Keto**gruppe haben.

Auch die Zucker werden in der Fischerprojektion geschrieben, wobei die Aldehyd-/Ketogruppe so weit oben wie möglich steht. Ob die **D-**(OH-Gruppe rechts) oder **L-**(OH-Gruppe links) Form vorliegt, wird in der Fischerprojektion an dem **Chiralitätszentrum** „abgelesen", **das am weitesten von der Carbonylgruppe entfernt** liegt; hier C5, also die D-Form.

D-Glucose   D-Fructose

Abb. 105: D-Glucose und D-Fructose

medi-learn.de/6-ch2-105

In der Natur kommen Monosaccharide mit 3–7 C-Atomen vor. Für die Biochemie von besonderer Bedeutung sind die **Pentosen** (**C5**-Körper) und die **Hexosen** (**C6**-Körper).

Folgende sieben Monosaccharide musst du in der schriftlichen Prüfung erkennen und in der mündlichen (Biochemie-) Prüfung auch aufzeichnen können:

> **Merke!**
>
> Für die Hexosen gibt es den alten „Feuerwehr-Merkspruch":
> **Glucose = „ta tü ta ta".**
> Das bedeutet: die oberste OH-Gruppe steht rechts (ta), dann eine links (tü), und wieder zwei rechts (ta, ta)
> **Mannose = „tü tü ta ta"** (links, links, rechts, rechts)
> **Galaktose = „ta tü tü ta"** (rechts, links, links, rechts)

D-Ribose   D-Desoxyribose   D-Ribulose

Abb. 106: Drei Pentosen   *medi-learn.de/6-ch2-106*

D-Glucose   D-Mannose

D-Galaktose   D-Fructose

Abb. 107: Vier Hexosen   *medi-learn.de/6-ch2-107*

4.2.2 Zuckersäuren und Zuckeralkohole

Übrigens ...
Eine kleine gemeine Falle wird dir manchmal bei den Ribosen gestellt, die einen wichtigen Grundbaustein der **Desoxyribonukleinsäure** (DNA) und der **Ribonukleinsäure** (RNA) darstellen: Auch wenn die beiden Ribosen sich nur durch eine Hydroxylgruppe unterscheiden, **lassen sie sich NICHT durch Dehydratisierung ineinander überführen**.

Hexosen und Pentosen bilden in wässriger Lösung cyclische Halbacetale/Halbketale. Es kann sich aus einer Hexose sowohl ein **Fünferring** (**Furanose**-Form) als auch ein **Sechserring** (**Pyranose**-Form) bilden. Hierbei entsteht ein neues Chiralitätszentrum, wo vorher die Carbonylgruppe war. Steht die OH-Gruppe unter der Ringebene, nennt man sie α-Glucose, steht sie oberhalb nennt man sie β-Glucose:

Die α- und β-Form sind Anomere (s. 3.2.2, S. 38), die beim polarisierten Licht verschiedene Drehwerte aufweisen. Da sie aber in wässriger Lösung über die offenkettige Form miteinander im Gleichgewicht stehen, stellt sich ein konstanter Drehwert zwischen beiden ein (53°). Dies nennt man Mutarotation.
Wie beim Cyclohexan werden auch Pyranosen in der Sesselform geschrieben (s. Abb. 7, S. 4).

4.2.2 Zuckersäuren und Zuckeralkohole

Wie du wahrscheinlich schon von den Aldehyden weißt (s. 2.7, S. 18 ff), kann man diese weiter oxidieren zu Carbonsäuren. Genauso funktioniert das auch bei den Aldosen:
Aus einer Aldose entsteht bei Oxidation an C1 eine Zuckersäure, z. B. Gluconsäure aus Glucose. Im Zellstoffwechsel kann ein Zucker auch an der primären Alkoholgruppe (s. 2.5, S. 15) oxidiert werden. Hierbei bildet sich eine Uronsäure, wie z. B. die Glucuronsäure aus Glucose durch Oxidation an C6.

Abb. 109: Zuckersäuren und -alkohole

Abb. 108: Halbacetalbildung α- und β-Form

4 Lebensgrundbausteine – Organik, die Grundlage der Biochemie

Bei Reduktion einer Aldehydgruppe entsteht ein Alkohol (s. 2.7, S. 18). Analog dazu wird aus einer Aldose durch Reduktion ein Zuckeralkohol, z. B. Sorbitol (= Sorbit) aus Glucose durch Reduktion an C1.

Ein weiterer wichtiger Zuckeralkohol ist Mannitol, der aus Mannose entsteht.

> **Übrigens ...**
> - Bei Aldosen ist die OH-Gruppe an dem C-Atom, das am weitesten von der Aldehydgruppe entfernt ist, die einzige primäre Alkoholgruppe, alle anderen OH-Gruppen sind sekundäre Alkoholgruppen (s. 2.5, S. 15).
> - Mannitol ist wie die Meso-Weinsäure eine Mesoform, also **achiral**.
> - Zuckeralkohole bilden KEINE zyklischen Halbacetale.

Folgende Punkte solltest du dir gut merken:
- Oxidation von Glucose an C1 ergibt Gluconsäure,
- Oxidation von Glucose an C6 ergibt Glucuronsäure,
- Reduktion von Glucose an C1 ergibt Sorbitol.

Weil es im Zusammenhang mit Zuckeralkoholen und -säuren immer wieder vorkommt, hier noch mal kurz zur Erinnerung:
- Reduktion bedeutet Hydrierung, NICHT Hydratisierung,
- Oxidation bedeutet Dehydrierung, NICHT Dehydratisierung (s. 1.2.4, S. 5).

4.2.3 Disaccharide

Um zu verstehen, wie sich Disaccharide bilden, musst du dir zunächst die **glycosidische Bindung** ansehen:

Die cyclischen Halbacetalformen der Monosaccharide können – genau wie die Halbacetale gewöhnlicher Aldehyde/Ketone – mit einem Alkohol weiterreagieren zu Acetalen (s. 2.7.2, S. 19). Diese Acetale werden **Glykoside** genannt. Gehört die reagierende Alkoholgruppe zu einem anderen Monosaccharid, so entstehen **Disaccharide**, die durch

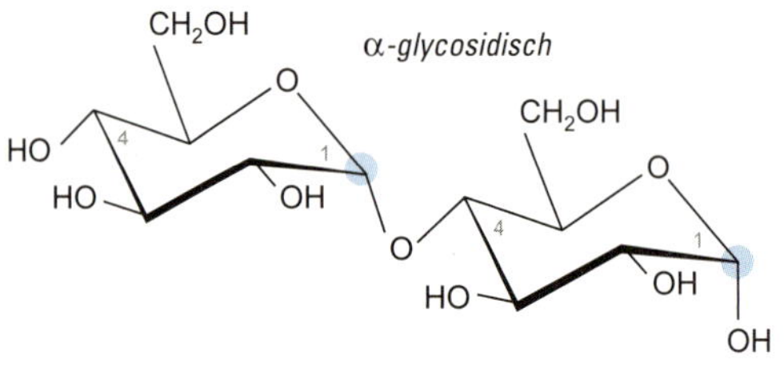

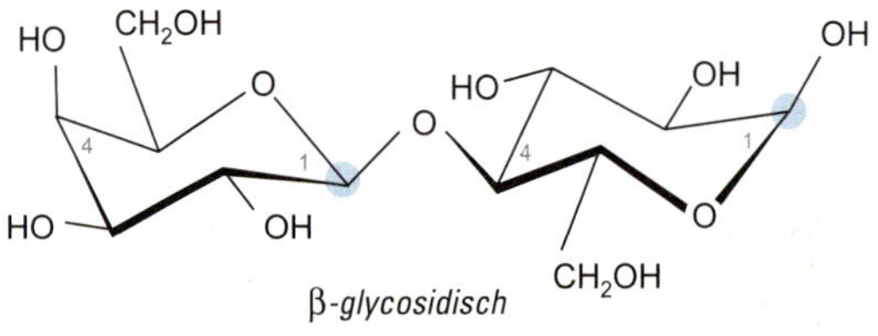

Abb. 110: Maltose, Lactose

medi-learn.de/6-ch2-110

4.2.3 Disaccharide

eine **glycosidische Bindung** miteinander verknüpft sind. Diese Bindung geht vom Sauerstoffatom einer OH-(Alkohol-)Gruppe des einen Monosaccharids zum anomeren C-Atom (C1) des anderen Monosaccharids.

Die anomere Gruppe an C1 kann mit den verschiedenen OH-Gruppen des zweiten Monosaccharids reagieren. Die häufigste glycosidische Bindung ist jedoch die zur OH-Gruppe an C4. Man sagt, das entstandene Disaccharid ist 1,4 (sprich "eins vier") verknüpft. Daneben gibt es aber auch z. B. 1,1-, 1,2- und 1,6-glycosidische Bindungen.

> **Merke!**
>
> Das anomere C-Atom ist das einzige C-Atom, das zwei Sauerstoffatome als Nachbarn hat.

Abb. 111: Glycosidische Bindung (vereinfacht)

medi-learn.de/6-ch2-111

Für die Eigenschaften der Disaccharide ist es wichtig, ob die Monosaccharide α- oder β-glycosidisch miteinander verbunden sind, d. h., ob die anomere OH-Gruppe an C1 des ersten Monosaccharids in α- oder β-Stellung stand (s. Abb. 90, S. 39).
Erkennen kannst du das daran, ob die Bindung von C1 aus nach unten (α-glycosidische Bindung) oder nach oben (β-glycosidische Bindung) zeigt. Disaccharide können sowohl aus zwei gleichen Monosacchariden (z. B. 2 x Glucose) als auch aus zwei verschiedenen (z. B. Glucose + Galaktose) aufgebaut sein.

Wichtige Disaccharide, die schon im Chemieteil, erst recht aber in der Biochemie immer wieder gefragt werden, sind:
- **Milchzucker = Lactose.** Sie besteht aus **Galaktose**, die **β-1,4**-glycosidisch mit **Glucose** verbunden ist (s. Abb. 110, S. 50).
- **Malzzucker = Maltose.** Sie besteht aus **zwei** Molekülen Glucose, die **α-1,4**-glycosidisch verbunden sind (α-D-Glucopyranosyl-(1–4)-D-Glucopyranose, s. Abb. 110, S. 50).
- **Saccharose**, der einfache Haushaltszucker. Sie besteht aus **α-Glucose** und **β-Fructose**, die jeweils an ihren Anomeren 1,2 verknüpft sind.

Mono-, Di- oder Oligosaccharide, deren Moleküle in Lösung eine freie Aldehydgruppe besitzen, werden reduzierende Zucker genannt. Die Aldehydgruppe dieser Kohlenhydrate kann weiter zur Carbonsäure oxidiert werden.
Prüfungsrelevante Beispiele reduzierender Disaccharide sind die **Maltose** und die **Lactose**. Bei beiden Molekülen ist noch ein freies (nicht an der glycosidischen Bindung beteiligtes) anomeres Zentrum vorhanden. Saccharose hingegen ist ein nicht-reduzierender Zucker, da hier Glucose und Fructose über ihre anomeren C-Atome verknüpft sind.

Abb. 112: Saccharose *medi-learn.de/6-ch2-112*

Übrigens ...
Zum Abbau der Disaccharide besitzt der menschliche Körper verschiedene Enzyme z. B.:
- **Maltase**, die nur die α-glycosidische Bindung von **Maltose** spaltet und

- **β-Galactosidase = Lactase**, die **Lactose** abbaut.

4.2.4 Polysaccharide

Durch die glycosidischen Bindungen ist es auch möglich, mehr als nur zwei Monosaccharide miteinander zu verbinden. Die entstehenden Monosaccharidketten nennt man **Polysaccharide** oder **Glykane**. Unterteilt werden sie in Homoglykane und Heteroglykane:

- Homoglykane sind Polysaccharide, die aus einer einzigen Sorte von Monosacchariden aufgebaut sind (z. B. Stärke aus Glucose),
- Heteroglykane sind aus zwei oder mehr verschiedenen Monosacchariden aufgebaut (z. B. Hyaluronsäure).

Prüfungsrelevante Polysaccharide sind

- **Cellulose,**
- **Stärke,**
- **Glykogen und**
- **Hyaluronsäure.**

Cellulose ist ein Homoglykan aus **β-1,4**–glycosidisch verbundener **Glucose**.
Cellulose ist das Strukturmaterial der Pflanzen. Der menschliche Körper kann sie nicht verwerten, da er die β-glycosidische Bindung nicht zu spalten vermag. Das liegt daran, dass ihm die nötigen Enzyme (Cellulasen = β-Glucosidasen) fehlen (nicht verwechseln mit β-Galaktosidase! s. Übrigens).
Auch die Stärke ist ein Homoglykan, das ausschließlich aus Glucose besteht. Hier sind jedoch alle Bindungen **α-glycosidisch**. Zu 80 % besteht die Stärke aus **Amylopectin**, einem verzweigten Netzwerk aus Glucose. Die 20–30 Glucosemoleküle langen Grundeinheiten sind hier α-**1,4**-glycosidisch verbunden, an den Verzweigungsstellen sind die Glucosemoleküle aber α-**1,6**-glykosidisch verknüpft. Zu 20 %

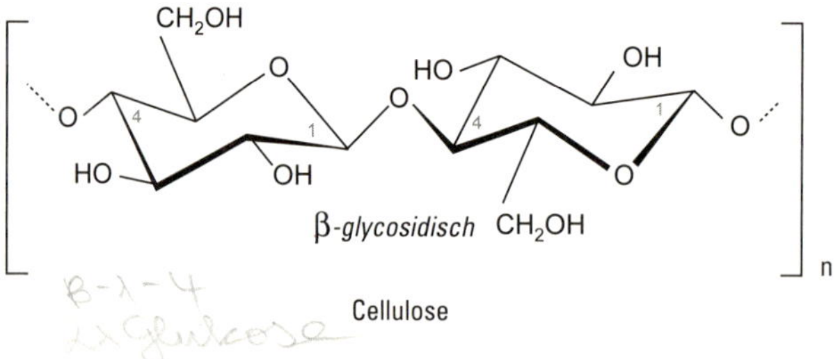

Abb. 113: Cellulose *medi-learn.de/6-ch2-113*

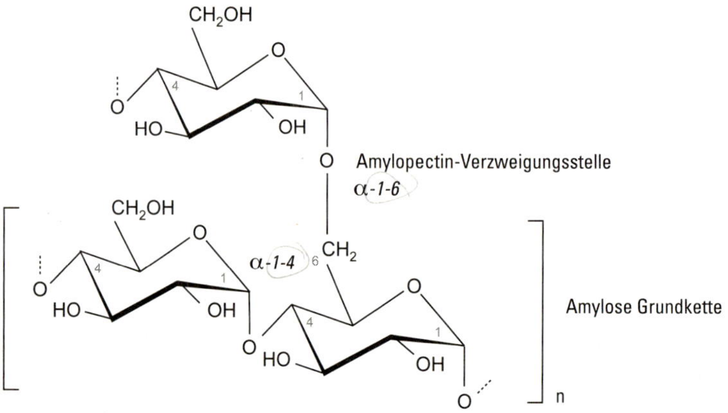

Abb. 114: Stärke *medi-learn.de/6-ch2-114*

4.2.4 Polysaccharide

Abb. 115: Hyaluronsäure

besteht die Stärke aus **Amylose**, einer unverzweigten Kette aus α-**1,4**-glycosidisch verbundener Glucose.

Stärke wird bei der Verdauung v.a. durch die α-**Amylase** abgebaut.

Glykogen ist dem Amylopectin sehr ähnlich: Es ist auch ein Homoglykan aus Glucoseeinheiten, die zu einem **Netzwerk von α-1,4- und α-1,6-gycosidischen** Bindungen verknüpft sind. Der Unterschied ist, dass die 1,6-Verzweigungen im Glykogen sehr viel häufiger sind. Das Glykogen der Leber dient der Zuckerspeicherung für schlechte Zeiten.

Die **Hyaluronsäure** ist ein Heteroglykan. Sie ist ein wichtiger Bestandteil von Bindegewebe, Knorpel, Gelenkschmiere und des Glaskörpers im Auge. Hyaluronsäure besteht aus β-1,3-glycosidisch verknüpfter Glucuronsäure und N-Acetyl-Glucosamin. Sie gehört zur Gruppe der Glykosaminoglykane, das sind unverzweigte Polysaccharide, die abwechselnd aus einer Uronsäure und einem Hexosamin bestehen.

Übrigens ...
In der schriftlichen Prüfung wird von dir verlangt, dass du die wichtigsten Monosaccharide – besonders die Glucose – auch in Polysaccharidketten erkennst. Dafür ein kleiner Tipp: Zeichne dir die Glucose noch einmal in Sesselform auf, nimm das Papier, drehe es jeweils um 90° und präge dir jede Position gut ein. So erkennst du Glucose auch dann, wenn sie andersherum in einer Polysaccharidkette abgebildet ist.

Abb. 116: Acarbose

4 Lebensgrundbausteine – Organik, die Grundlage der Biochemie

Beispiel: In Acarbose finden sich zwei Moleküle Glucose (s. Abb. 116, S. 53).

4.3 Fette

Genau wie die Zucker spielen auch die Fette eine sehr wichtige Rolle im Energiestoffwechsel des Körpers. In Kapitel 2 hast du die Carbonsäuren bereits kennen gelernt und erfahren, dass die längeren Homologen von ihnen Fettsäuren genannt werden (s. 2.8, S. 22).
Besteht eine Fettsäurekette ausschließlich aus C-C-Einfachbindungen, so nennt man sie **gesättigte Fettsäure**, kommen auch C=C-Doppelbindungen in ihr vor, nennt man sie **ungesättigte Fettsäure**. Die Doppelbindungen sind übrigens in den für uns relevanten Fettsäuren alle **cis-konfiguriert**. Gesättigte Fettsäuren haben die allgemeine Summenformel $C_x H_{2x} O_2$, während ungesättigte Fettsäuren durch die Doppelbindung zwei H-Atome weniger haben also: $C_x H_{(2x-2)} O_2$
Im Examen wird von dir verlangt, den Unterschied anhand von Summenformeln zu erkennen. Beispiel aus dem Physikum: Die Verbindung $CH_3-(CH_2)_{16}-COOH$ ($C_{18} H_{36} O_2$, Stearinsäure) ist eine gesättigte Fettsäure.

Die gesättigten Fettsäuren kann der Körper durch Kettenverlängerung selbst synthetisieren, bei den ungesättigten Fettsäuren ist dies etwas komplizierter: Der Körper ist nicht fähig, Doppelbindungen in den hinteren Teil einer C-Kette einzubauen. Deshalb gibt es – genau wie bei den Aminosäuren – **essenzielle Fettsäuren**, die mit der Nahrung aufgenommen werden müssen. Dies sind die mehrfach ungesättigten Fettsäuren **Linolsäure und Linolensäure**. Die ebenfalls ungesättigte Arachidonsäure wird als bedingt essenziell eingestuft, da sie unser Körper aus der essenziellen Linolsäure synthetisieren kann.

Übrigens ...
Wahrscheinlich hast du in der Nahrungsmittelwerbung schon das ein oder andere Mal den Begriff Omega-3-Fettsäuren (ω-3-Fettsäuren) gehört oder gelesen. Dabei handelt es sich um mehrfach ungesättigte Fettsäuren, deren letzte Doppelbindung sich zwischen dem dritt- und viertletzten C-Atom befindet (vom Carboxy-Ende aus). Als letzter Buchstabe des griechischen Alphabets ist das Omega-C-Atom, das vom Carboxy-Ende am weitesten entfernte C-Atom. Ein prüfungsrelevantes Beispiel ist die α-Linolensäure (s. Abb. 114, S. 52).

Merke!
– Die Anionen (Salze) der Fettsäuren haben wie die meisten Säureanionen die Endung „-at". Prüfungsrelevante Beispiele hierfür sind das Palmitoleat, Stearat, Linolat und Arachidonat.
– Die in den ungesättigten Fettsäuren vorkommenden Doppelbindungen sind alle isolierte Doppelbindungen.

Die wichtigsten Fettsäuren, die du kennen solltest sind:

HOOC

Palmitinsäure (C_{16})

HOOC

Stearinsäure (C_{18})

HOOC

Ölsäure (C_{18}, einfach ungesättigt)

Abb. 117 a: Wichtige Fettsäuren

medi-learn.de/6-ch2-117a

4.3 Fette

Abb. 117 b: Wichtige Fettsäuren

Linolsäure (C_{18}, zweifach ungesättigt, essenzielle FS)

Linolensäure (C_{18}, dreifach ungesättigt, essenzielle FS)

Arachidonsäure (C_{20}, vierfach ungesättigt, bedingt essenzielle FS)

medi-learn.de/6-ch2-117b

In den letzten Physika kam häufiger die Frage nach den Molmassen.
Die molare Masse einer gesättigten Fettsäure ist um 2g/mol größer als die der ungesättigten Fettsäure mit gleicher Kettenlänge (also gleicher Anzahl der C-Atome), weil die ungesättigte FS durch die Doppelbindung zwei H-Atome weniger hat (s. a. Unterschied Einfach-/Doppelbindung, s. Tab. 1, S. 2).

Beispiel
Stearinsäure ist eine gesättigte C_{18}-Fettsäure (Summenformel: $C_{18}H_{36}O_2$) während Ölsäure eine ungesättigte C_{18}-Fettsäure ist (Summenformel: $C_{18}H_{34}O_2$).
Stearinsäure ist somit – aufgrund des Atomgewichts der H-Atome (1g/mol, s. Skript Chemie 1) – 2 g/mol schwerer als Ölsäure.

Fettsäuren können – wie alle anderen Carbonsäuren auch – an ihrer Carboxylgruppe verestert werden. In unserem Körper werden sie durch Esterbildung meist an den dreiwertigen Alkohol **Glycerol** (Glycerin) eingebunden:
– Ist nur **eine der drei Alkoholgruppen** mit **einer Fettsäure** verestert, spricht man von **Monoacylglycerol** (Monoacylglycerid),
– sind zwei Alkoholgruppen mit **zwei Fettsäuen** verestert, spricht man von **Diacylglycerolen** (Diacylglyceriden),
– sind **alle drei Alkoholgruppen** mit **drei Fettsäuren** verestert, nennt man sie **Triacylglyceride** (Triglyceride) oder **Neutralfette**.
  • Triacylglyceride spielen im Energiestoffwechsel eine entscheidende Rolle: Sie sind die Depot-/Speicherfette des Körpers, die wir alle – mehr oder weniger – als Energiespeicher-Fettpölsterchen mit uns herumtragen.

Monoacylglycerid   Diacylglycerid   Triacylglycerid

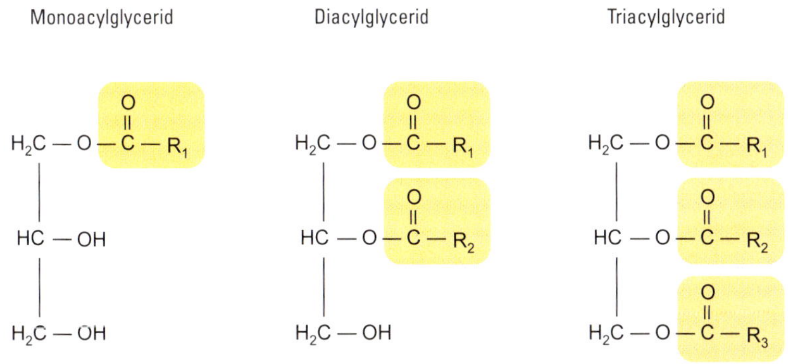

R_1, R_2, R_3 = Kohlenwasserstoffkette meist C_{16} oder C_{18}

Abb. 118: Fette

medi-learn.de/6-ch2-118

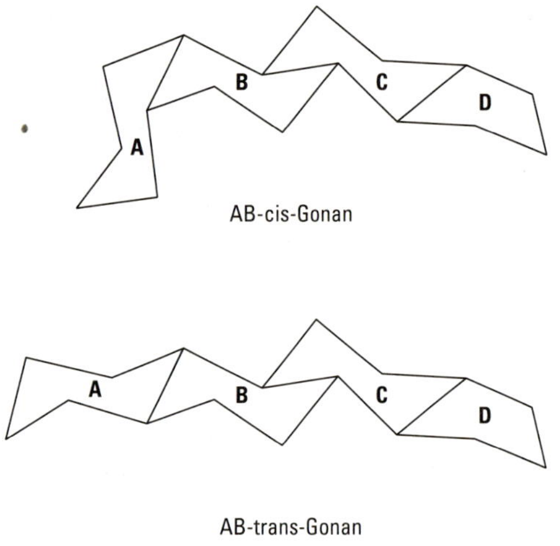

4 Lebensgrundbausteine – Organik, die Grundlage der Biochemie

AB-cis-Gonan

AB-trans-Gonan

Abb. 119: Gonanring medi-learn.de/6-ch2-119

Selbstverständlich können die Esterbindungen der Triacylglyceride auch hydrolysiert werden, sodass wieder drei freie Fettsäuren und Glycerin entstehen. Damit stehen dem Körper die Fettsäuren zur Energieversorgung zur Verfügung und die Pfunde purzeln.

Neuerdings wurde häufig nach dem Steran oder Gonan gefragt. Dabei handelt es sich um ein von der Stearinsäure (C_{18}) abstammendes Ringgerüst mit 17 C-Atomen, das u. a. ein wichtiger Baustein der Steroidhormone ist. Die Cyclohexanringe A und B können im Gonan sowohl cis- als auch trans-verknüpft sein (s. Abb. 119, S. 56).

4.4 Nukleinsäuren

Die Nukleinsäuren sind die Informationsgrundlage für alle unsere Erbanlagen und entscheidend für Wachstum und Vermehrung jeder einzelnen Zelle. Man unterscheidet zwei verschiedene Sorten der Nukleinsäuren:
– Die **Desoxyribonukleinsäure/-acid** (**DNA**), die eigentliche Erbinformation (die Gene im Zellkern), die zu Chromosomen zusammen geknäult ist und
– die **Ribonukleinsäure/-acid** (**RNA**), die diese Information in der Zelle in Umlauf bringt und für ihre Umsetzung zu Proteinen sorgt.

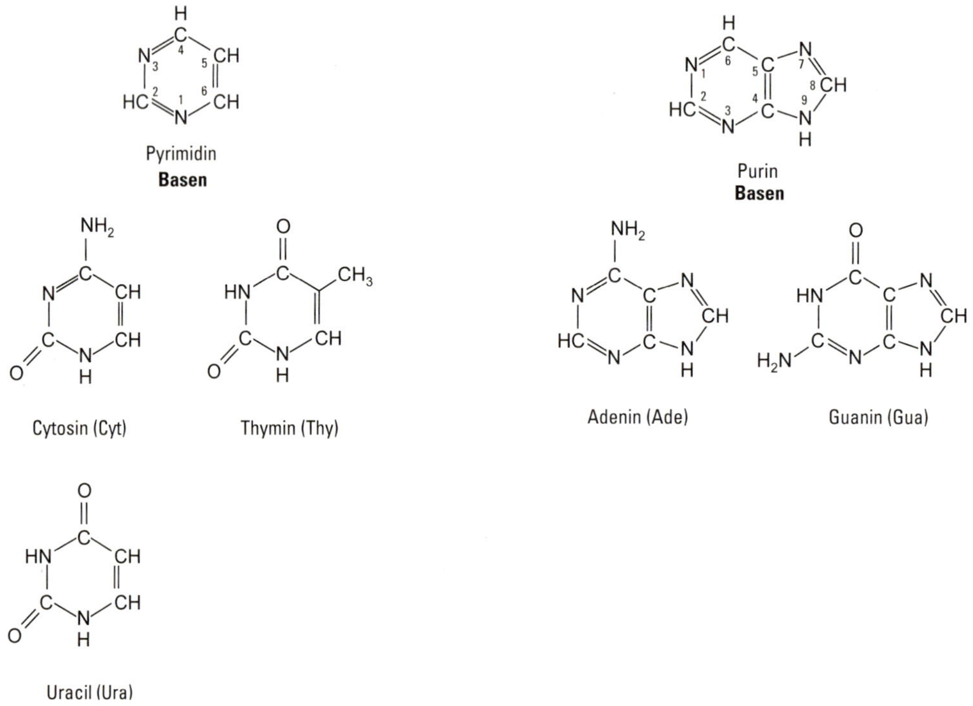

Pyrimidin
Basen

Purin
Basen

Cytosin (Cyt) Thymin (Thy) Adenin (Ade) Guanin (Gua)

Uracil (Ura)

Abb. 120: Nukleinbasen medi-learn.de/6-ch2-120

Beide bestehen jeweils aus einer langen Kette aus Nukleotiden. Jedes Nukleotid enthält eine Nukleinbase vom Purin- oder Pyrimidintyp (s. Tab. 2, S. 14). Insgesamt gibt es fünf verschiedene Nukleinbasen:

- Die beiden Purinbasen Adenin und Guanin und
- die drei Pyrimidinbasen Cytosin, Thymin und Uracil.

Für die organische Chemie ist dies zwar nicht so wichtig, aber in der Biochemie musst du sie alle erkennen (s. Abb. 120, S. 56).

Diese Basen sind verbunden mit einer Pentose (einem C5-Zucker). Bei der **DNA** ist es die **D-Desoxyribose**, bei der **RNA** die **D-Ribose** (s. Abb. 106, S. 48). Diese Verbindung aus Nukleinbase und Pentose nennt sich **Nukleosid** (z. B. wird aus Adenin so Adenosin). Hängt an der Pentose über eine Esterbindung noch eine Phosphorsäure, ist das **Nukleotid** (Nukleosid**mono**phosphat) komplett. Die Kette bildet sich dadurch, dass die Pentosen jeweils durch Phosphorsäure miteinander verbunden sind (Phosphorsäurediester), wobei sich die Esterbindungen zwischen den OH-Gruppen an

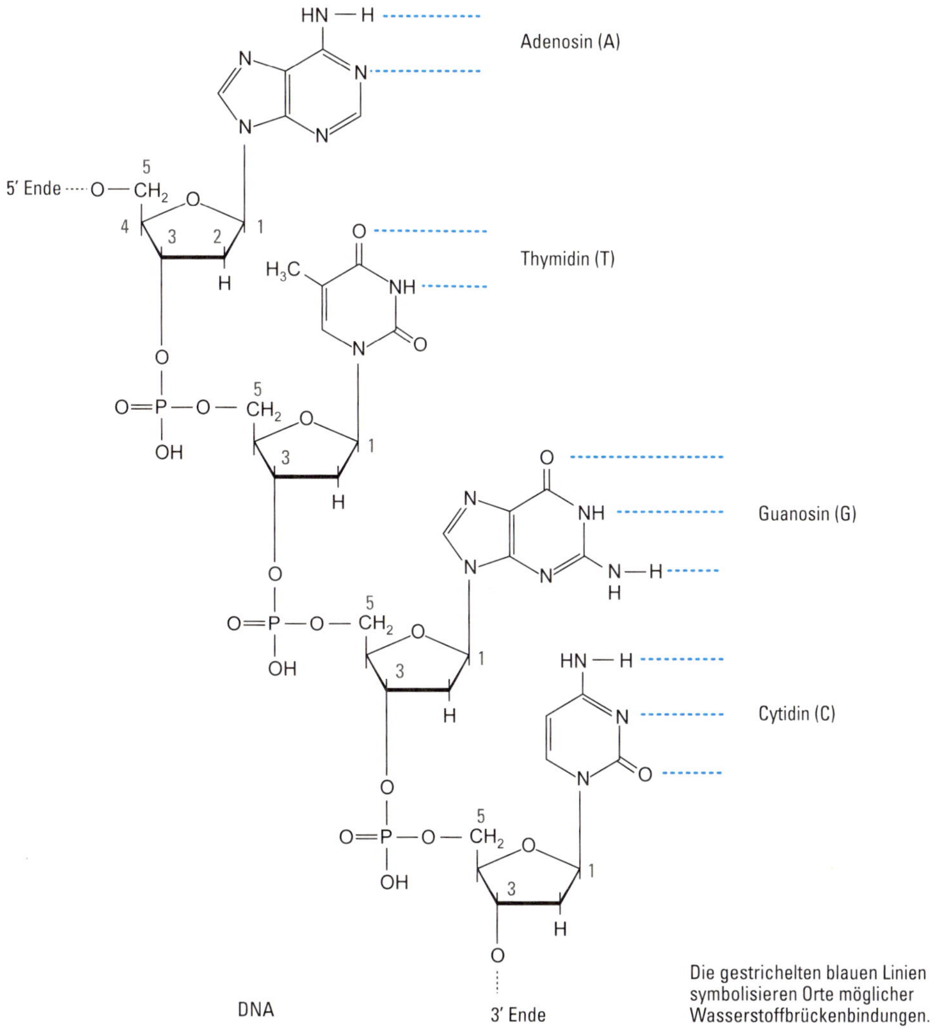
Adenosin (A)
Thymidin (T)
Guanosin (G)
Cytidin (C)
5' Ende
3' Ende
DNA
Die gestrichelten blauen Linien symbolisieren Orte möglicher Wasserstoffbrückenbindungen.

Abb. 121: DNA

medi-learn.de/6-ch2-121

4 Lebensgrundbausteine – Organik, die Grundlage der Biochemie

C5 der einen und C3 der anderen benachbarten Pentose bilden.

> **Übrigens ...**
> Hin und wieder wurde schon nach den Esterbindungen des intrazellulären Botenstoffs cAMP gefragt: Im Adenosin-3',5'-monophosphat ist ein Molekül Phosphorsäure gleich zweimal verestert (s. Abb. 68, S. 27). Daher gehört auch das cAMP zur Gruppe der Phosphorsäurediester (s. 2.9.1, S. 26).

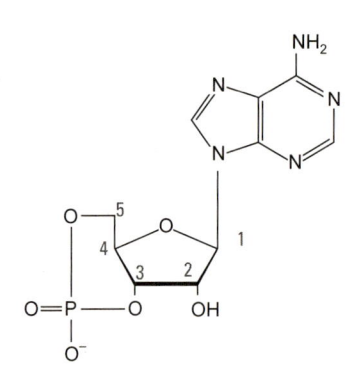

Abb. 123: cAMP medi-learn.de/6-ch2-123

Abb. 122: RNA medi-learn.de/6-ch2-122

Die gestrichelten blauen Linien symbolisieren Orte möglicher Wasserstoffbrückenbindungen.

DAS BRINGT PUNKTE

Mit der **Organik** kann man natürlich außer in der Chemie auch in der Biochemie punkten. Um wichtige Punkte zu sammeln, solltest du wissen,
- wie die 20 proteinogenen AS aussehen (s. Abb. 97 b, S. 44).
- wie der isoelektrische Punkt berechnet wird: arithmetisches Mittel der pK_S-Werte der funktionellen Gruppen:
$$\frac{pK_{S1} + pK_{S2}}{2}$$
- dass der isoelektrische Punkt bei den sauren AS Glutaminsäure und Asparaginsäure im sauren Bereich, bei den basischen AS Arginin, Lysin und Histidin im alkalischen Bereich liegt.
- dass die AS bei einem pH-Wert der saurer ist als der isoelektrische Punkt als Kation vorliegen, bei einem basischeren pH als der isoelektrische Punkt als Anion. Am pH-Wert des isoelektrischen Punkts liegen die AS als Zwitterionen vor.
- wie eine Peptidbindung aussieht (s. Abb. 102, S. 46) und dass ihre Spaltung als **Hydrolyse** (unter Anlagerung von Wasser) abläuft. Man braucht also zur Spaltung einer Peptidbindung eines Dipeptids (zwei AS eine Bindung) ein Äquivalent Wasser.
- wie die wichtigsten Monosaccharide Glucose, Galaktose, Mannose und Fructose aussehen (s. Abb. 106, S. 48).
- die Isomerie-Beziehungen der Hexosen (s. 3.2.2, S. 38 und Tab. 3, S. 40):
  - D-Glucose, D-Mannose und D-Galaktose sind zueinander diastereomer.
  - D-Glucose ist epimer zu D-Galaktose, sie unterscheiden sich ausschließlich am C4-Atom.
  - D-Glucose ist auch epimer zu D-Mannose, sie unterscheiden sich nur am C2-Atom.
  - D-Mannose und D-Galaktose sind NICHT epimer, sondern diastereomer zueinander.
  - Fructose und Glucose sind NICHT stereoisomer zueinander, da sie ein unterschiedliches Bindungsmuster (Ketose/Aldose) haben. Sie sind Konstitutionsisomere.
- dass Nukleinsäuren keine Phosphorsäureanhydride enthalten; die Phosphorsäure ist durch eine Esterbindung mit den Zuckern verbunden.

FÜRS MÜNDLICHE

Die im letzten Kapitel erarbeiteten Grundlagen der organischen Chemie sind natürlich auch die Basis für die mündliche Biochemieprüfung. Besonders das Zeichnen von Formeln ist hier gefragt. Überprüfe nun dein Wissen dazu mit den Fragen aus unserer Prüfungsprotokoll-Datenbank.

1. **Zeichnen Sie bitte die 20 proteinogenen Aminosäuren.**

2. **Bitte nennen Sie die essenziellen Aminosäuren.**

3. **Bitte zeichnen Sie eine Peptidbindung auf.**

4. **Bitte erklären Sie, was die Primär-, Sekundär- und Tertiärstruktur eines Proteins ist.**

5. **Zeichnen Sie bitte die offenkettige Form von Glucose, Fructose, Galaktose und Mannose.**

FÜRS MÜNDLICHE

6. Erläutern Sie bitte, in welchem Isomerieverhältnis Glucose, Fructose, Galaktose und Mannose zueinander stehen.

7. Zeichnen Sie bitte einen Ausschnitt aus dem Stärkemolekül.

8. Bitte erklären Sie den Unterschied zwischen Stärke und Cellulose, und weshalb der menschliche Körper Cellulose nicht verwerten kann.

9. Erläutern Sie bitte, was Fettsäuren sind.

10. Nennen Sie bitte die essenziellen Fettsäuren.

11. Erklären Sie bitte, ob sich in Nukleinsäuren energiereiche Anhydridbindungen befinden.

---

1. Zeichnen Sie bitte die 20 proteinogenen Aminosäuren.
Du musst zwar meist nur eine zeichnen, aber es kann jede beliebige sein (Formeln Abb. 97 a, S. 44 + Abb. 97 b, S. 44).

2. Bitte nennen Sie die essenziellen Aminosäuren.
Es gibt acht essenzielle AS: **Phe**nylalanin, **Iso**leucin, **Thr**eonin, **Tryp**tophan, **Me**thionin, **Leu**cin, **Val**in, **Lys**in, (**Phe**nomenale **Isol**de **tryp**t **met**unter **Leut**nant **Val**entins **ly**bliche **Thr**äume)
Außerdem eine bedingt essenzielle AS: Tyrosin (abhängig von der Phenylalaninzufuhr). Nur im Säuglingsalter sind zudem noch Histidin und Arginin essenziell.

3. Bitte zeichnen Sie eine Peptidbindung auf.
Siehe dazu Abb. 124, S. 60

4. Bitte erklären Sie, was die Primär-, Sekundär- und Tertiärstruktur eines Proteins ist.
– Primärstruktur: die Abfolge der Aminosäuren
– Sekundärstruktur: Konformation der Peptidkette (z. B. α-Helix, β-Faltblatt), durch Wasserstoffbrücken stabilisiert
– Tertiärstruktur: dreidimensionale Anordnung/Faltung der Peptidkette zum Protein

5. Zeichnen Sie bitte die offenkettige Form von Glucose, Fructose, Galaktose und Mannose.
Siehe Abb. 107, S. 48.

6. Erläutern Sie bitte, in welchem Isomerieverhältnis Glucose, Fructose, Galaktose und Mannose zueinander stehen.
– D-Glucose, D-Mannose und D-Galaktose sind zueinander diastereomer.

Abb. 124: Beispiel Peptidbindung

medi-learn.de/6-ch2-124

FÜRS MÜNDLICHE

- D-Glucose ist epimer zu D-Galaktose, sie unterscheiden sich ausschließlich am C4-Atom.
- D-Glucose ist auch epimer zu D-Mannose, sie unterscheiden sich nur am C2-Atom.
- Fructose und Glucose sind NICHT stereoisomer zueinander, da sie ein unterschiedliches Bindungsmuster (Ketose/Aldose) haben.

7. Zeichnen Sie bitte einen Ausschnitt aus dem Stärkemolekül.
Siehe Abb. 114, S. 52.

8. Bitte erklären Sie den Unterschied zwischen Stärke und Cellulose, und weshalb der menschliche Körper Cellulose nicht verwerten kann.
Der lineare Teil der Stärke besteht aus α-1,4-glycosidisch verbundener Glucose. Bei der Cellulose ist die Glucose β-1,4 verknüpft. Der menschliche Körper hat kein Enzym, das fähig ist, β-glycosidische Bindungen zwischen Glucosen zu spalten.

9. Erläutern Sie bitte, was Fettsäuren sind.
Fettsäuren sind Carbonsäuren, mit einer Kettenlänge von mehr als 3C-Atomen.

10. Nennen Sie bitte die essenziellen Fettsäuren.
Linolsäure, Linolensäure und die bedingt essenzielle Arachidonsäure (s. Abb. 117 a, S. 54).

11. Erklären Sie bitte, ob sich in Nukleinsäuren energiereiche Anhydridbindungen befinden.
Nein, die Pentosen sind mit der Phosphorsäure verestert. Die angesprochenen energiereichen Phosphorsäureanhydridbindungen finden sich in Nukleosidtriphosphaten, wie z. B. dem ATP.

Pause

Nimm dir nach deinem wohlverdienten Pausencartoon doch kurz deine Notizen vor und sieh dir deine Zeichnungen nochmal an. Danach viel Erfolg beim Kreuzen!

Mehr Cartoons unter www.medi-learn.de/cartoons

Index

A
Acarbose 53
Acetal 19, 20
Acetaldehyd 21
Acetat 22
Aceton 18
Aceton-Aldolkondensation 21
Additionsreaktion 6
Adenin 56
Adenosin 57
Alanin 44
Aldehyd 17, 18
Aldohexose 38
Aldol 21
Aldoladdition 21
Aldolkondensation 21
Aldose 48
Alkan 15
– Cycloalkan 4
Alken 5, 6, 7
Alkin 8
Alkohol 15
– Oxidation von Alkoholen 17
– primärer 17, 31
– sekundärer 17, 31
– tertiärer 17, 31
Ameisensäure 22
Amin 14
– biogenes 46
– primäres 14, 31
– sekundäres 14, 31
– tertiäres 14, 31
γ-Aminobuttersäure (GABA) 46
Aminogruppe 14
Aminosäure 43, 44
– aromatische 44
– basische 44
– Hydroxysäure 44
– neutrale 44
– Polarität 45
– proteinogene 43, 44
– saure 44
– schwefelhaltige 44
Ammoniak 14
Ammoniumsalz 15, 27
Ammoniumsalz, quartäres 15
amphoter 45
α-Amylase 53
Amylopectin 53
Amylose 53
Anhydrid 28
Anion, mesomeriestabilisiertes 19
Anomer 39, 51
Äpfelsäure 24
äquatorial 4
Arachidonsäure 55
Arginin 44
Aromat 8
Asparagin 44
Asparaginsäure 44
Asymmetriezentrum 38
C-Atom 1
axial 4

B
Benzoat 25
Benzoesäure 25
Benzol 8
Bernsteinsäure 23, 24
C-Bezifferung 12
Bindung
– glycosidische 50
– π-Bindung 1
– σ-Bindung 1, 7
Bindungswinkel 1
Brenztraubensäure 25
Butan 2
Buten 5
Buttersäure 22
Butyrat 22

C
cAMP 58
Carbanion 19
Carbonsäure 18, 22
– Aminocarbonsäure 23
– Carbonsäureanhydrid 28
– Carbonsäurederivat 26
– Dicarbonsäure 23
– Eigenschaften 25
– Hydroxycarbonsäure 23

- Ketocarbonsäure 23
- Tricarbonsäure 24

Carbonsäureamid 27
Carbonylgruppe 18
Carboxylgruppe 22
C-Atom
- Doppelbindung 2
- Dreifachbindung 2
- Einfachbindung 2
- sp^2-hybridisiertes 1
- sp^3-hybridisierte 1

C-Bezifferung 12
Cellulose 52
Chinon 13
Chiralität 36
- achiral 39
- Chiralitätszentrum 36

Cis-Konfiguration 6
Cis-Trans-Isomer 10
Cis-Trans-Isomerie 6
Citrat 24
Cycloalkan 4
Cyclohexan 4
Cystein 44, 45
Cytosin 56

D

D-Desoxyribose 57
Decarboxylierung 25, 46
Dehydratisierung 7
Dehydrierung 7
Delokalisation 9, 18
Desoxyribonukleinsäure 56
Desoxyribonukleinsäure/-acid (DNA) 56
D-Glucose 38
Diacylglycerid 55
Diastereomer 38
Dihydroxyphenylalanin 43
Dimethylether 36
Disaccharid 50
Disulfid 29
- Disulfidbindung 29

Disulfidbrücke 29, 45
DNA 56
Doppelbindung 1
Doppelbindung, isolierte 6
Doppelbindung, konjugierte 6

Dreifachbindung 1
Dünnschichtchromatographie 45

E

elektrophil 7
Elektrophorese 45
Enantiomer 37
Enolation 19
Enolform 19
Epimer 38
Essigsäure 22
Ester 26
Esterbildung 27
Esterhydrolyse 26, 27
Ethan 2
Ethanal 21
Ethanol 16, 36
Ethanolamin 46
Ethen 5
Ether 17
Ethin 8

F

β-Faltblatt 47
Fett 54
Fettsäure 23, 25, 54
Fettsäure, gesättigte 54
Fettsäure, ungesättigte 54
Fischer-Projektion 37
Cis-Form 6
D-Form 37
L-Form 37
Meso-Form 39
Trans-Form 6
α-Form 49
β-Form 49
Formaldeyd 18
Formiat 22
Fructose 48
Fumarsäure 24
Furanose-Form 49

G

GABA 46
Galaktose 48
D-Glucose 38
Glucose 48

Index

Glucuronsäure 49
Glutamin 44
Glutaminsäure 44
Glutarsäure 23
Glycerin 16, 55
Glycerinaldehyd 37
Glycerol 16, 55
Glycin 44
Glykane 52
Glykogen 53
Glykoside 50
Gonanring 56
Gruppe
– Ethyl- 3
– funktionelle 3, 12
– Methyl- 3
Guanin 56

H
Halbacetal 19, 20, 49
Halbacetal, cyclisches 20
Halbketal 20, 49
α-Helix 47
Heterozyklen 13, 14
Heteroglykan 53
Hexose 48
Histamin 46
Histidin 43, 44
Hyaluronsäure 53
Hydratisierung 7
Hydrierung 7
Hydrochinon 13
Hydrolyse 17, 47
Hydroxylgruppe (OH-Gruppe) 15

I
Imidazol 14
Imin 20
Isocitrat 24
Isoleucin 44
Isomerie 3, 40
– Konfigurationsisomerie 36, 39
– Konformationsisomerie 36
– Konformere 36
– Konstitutionsisomerie 36
– Strukturisomerie 36
Isomerie, optische 4, 36

Isozitronensäure 24

K
Ketal 20
Keto-Enol-Tautomerie 18
Ketoform 19
Keton 17, 18
Ketose 48
Kohlenhydrat 47
Kohlenwasserstoff 2
– ungesättigt 5
Konformationsisomer 4
Konformer 4
Konstitutionsisomer 3

L
Lactose 50
Laktat 24
Leucin 44
Lewis-Base 6
Lewis-Säure 6
Linolensäure 54, 55
Linolsäure 54, 55
Lysin 44

M
Malat 24
Maleinsäure 24
Malonsäure 23
Maltose 50
Mannitol 50
Mannose 48
Masse, molare 55
Mercaptane 29
Mesomerie 8
meta (m-Stellung) 9
Methan 2
Methanal 18
Methanol 15, 44
Methanwinkel 1
Methionin 44
Milchsäure 24
Mizellenbildung 25
Molmasse 55
Monoacylglycerid 55
Monosaccharid 20, 48
Mutarotation 49

N
D-/L-Nomenklatur 38
Nukleinbase 56
Nukleinsäure 29, 56
nukleophil 7
Nukleophil 10
Nukleotid 57

O
OH-Gruppe 16
Oligosaccharid 48
Ölsäure 54
ortho (o-Stellung) 9
Oxalacetat 25
Oxalessigsäure 24
Oxalsäure 23
Oxidation 8

P
Palmitat 23
Palmitinsäure 23, 54
para-Benzochinon 13
para (p-Stellung) 9
Partialladung 18
Penicillin 28
Pentan 2
Pentose 48
Peptid 47
– Aminoende 47
– Carboxylende 47
– Hydrolyse 47
– Peptidkette 47
– Säureamidbindung 47
– Tripeptid 47
Peptidbindung 47
Phenol 15
Phenylalanin 44
Phosphorsäure 26
Phosphorsäurediester 58
Phosphorsäureester 27
pK_S-Wert 25, 45
Polysaccharid 52
Primärstruktur 47
Prolin 44
Propan 2
Propen 5
Propin 8

Propionsäure 22
Protein 47
Pufferbereich 25
Punkt, isoelektrischer 45, 59
Purin 14, 56
Purinbasen 57
Pyranose-Form 49
Pyridin 14
Pyridoxalphosphat 46
Pyridoxin 32
Pyrimidin 14, 56
Pyrimidinbase 57
Pyrrol 14
Pyruvat 25

R
Racemat 37
Reduktion 8
Reihe, homologe 3
Resorcin 13
Ribonukleinsäure 56
Ribonukleinsäure/-acid (RNA) 56
D-Ribose 57
RNA 56

S
Saccharose 51
Säureamidbindung 27, 47
Säureanhydrid 28
Schiff-Base 20
Schwefelverbindung 29
Schwefelwasserstoff 29
Sekundärstruktur 47
Serin 44
Sesselform 4
Sorbitol 50
Stärke 52
Stearinsäure 23, 54
Steran 56
Stereochemie 36
Stereoisomerie 4, 36
Stickstoff 14
Strukturisomerie 3
Substituent 6
Substitution, nukleophile 12, 15
Sulfid 29

Index

T
Tautiomerie 19
Thiamin 32
Thiazol 14
Thioalkohol 29
Thioester 30
Thioether 29
Thiol 29
Threonin 44
Thymin 56
Titration 25
Transaminierung 46
Trans-Konfiguration 6
Triacylglycerid 55
Tryptophan 44
Tyrosin 44

U
Uracil 56

V
Valin 44
Vitamin K 13

W
Wannenform 4
Wasserstoffbrückenbindung 16
Weinsäure 39
Wertigkeit 16

Z
Zentrum, anomeres 39
Zentrum, elektrophiles 18
Zentrum, nukleophiles 18
Zentrum, stereogenes 36, 37
Zitronensäure 24
Zucker 48
Zuckeralkohol 49
Zucker, reduzierende 51
Zuckersäure 49
Zwitterion 20, 45

Deine Meinung ist gefragt!

Es ist erstaunlich, was das menschliche Gehirn an Informationen erfassen kann. SIbest wnen kilene Fleher in eenim Txet entlheatn snid, so knnsat du die eigneltchie lofnrmotian deoncnh vershteen – so wie in dsieem Text heir.

Wir heabn die Srkitpe mecrfhah sehr sogrtfältg güpreft, aber vilcheliet hat auch uesnr Girehn – so wie deenis grdaee – unbeswust Fheler übresehne. Um in der Zuuknft noch bsseer zu wrdeen, bttein wir dich dhear um deine Mtiilhfe.

Sag uns, was dir aufgefallen ist, ob wir Stolpersteine übersehen haben oder ggf. Formulierungen verbessern sollten. Darüber hinaus freuen wir uns natürlich auch über positive Rückmeldungen aus der Leserschaft.

Deine Mithilfe ist für uns sehr wertvoll und wir möchten dein Engagement belohnen: Unter allen Rückmeldungen verlosen wir einmal im Semester Fachbücher im Wert von 250 Euro. Die Gewinner werden auf der Webseite von MEDI-LEARN unter www.medi-learn.de bekannt gegeben.

Schick deine Rückmeldung einfach per E-Mail an support@medi-learn.de oder trag sie im Internet in ein spezielles Formular für Rückmeldungen ein, das du unter der folgenden Adresse findest:

www.medi-learn.de/rueckmeldungen